كتابي 4

سلسلة تعليم اللغة العربية

مناسب للدراسة الابتدائية السنة الرابعة

MY BOOK 4

Arabic Language Teaching Series

Suitable for Primary School, Year 4

ATTIKA A. AL-SADI, B.Sc.

m m BOOKS

بسم الله الرحمن الرحيم

شكر

تتقدم المؤلفة بالشكر الجزيل لكل من ساهم في إبداء الاقتراحات والملاحظات ،

وكل من ساهم في عملية الإخراج الفني للكتاب . كما تتقدم بالشكر للفنانة نسرين زيدان على تنفيذها

الرسومات المصاحبة لمواضيع الكتاب ورسومات الغلاف .

الطبعة الرابعة المصححة 1439هـ / 2018م

جميع الحقوق محفوظة

لا يجوز إعادة إنتاج أي جزء من هذا الكتاب ، ولا خزنه في أي وسيلة استرجاعية ،

ولا إرساله ، بأي شكل أو واسطة ، سواء أكانت إلكترونية أم ميكانيكية أم بالتصوير أم بالتسجيل أم غيرها ،

بدون الموافقة المسبقة من الناشر .

Fourth corrected edition 2018
Third edition 2017
Second corrected edition 2015
First published 2013

© Attika A. Al-Sadi 2013, 2015, 2017, 2018

My Book 4: ISBN 978-1-908871-41-1

M M Books
PO Box 472
RUISLIP HA4 4JE
United Kingdom

Tel: (0044) 7810 384499
www.mmbooks.co.uk
Email: mmbks@nildram.co.uk; info@mmbooks.co.uk; sales@mmbooks.co.uk

Book design: **M M Books**

Contents   المحتوى

مقدمة

"كتابي 4" هو الكتاب الخامس في سلسلة كتابي لتعليم القراءة والكتابة في اللغة العربية للمبتدئين، وهو معد للتلاميذ من عمر ثماني إلى تسع (8-9) سنوات (المرحلة الإبتدائية السنة الرابعة).

وكما في باقي كتب السلسلة، تم تقسيم الكتاب إلى ست وحدات ليناسب الفصول الدراسية التي تعتمدها أغلب المدارس العربية في المملكة المتحدة، حيث يضم كل فصل دراسي وحدتين.

وقد قمنا في هذا الكتاب بإعطاء دروس تتضمن المواضيع التي يحتاجها الطالب في حياته اليومية والمشتملة على كافة الحروف العربية. وتحتوي أيضاً على أغلب المفردات التي تعلمها التلميذ في الكتب السابقة بالإضافة إلى مفردات أخرى جديدة تناسب التلميذ في هذه المرحلة من العمر. وكما في الكتاب السابق "كتابي 3"، قمنا في هذا الكتاب بالتدرج في سرد القصص أو المحادثة من السهل إلى الصعب ليتمكن التلميذ من فهمها واستيعابها.

قمنا أيضاً بوضع أسئلة يقوم التلميذ بالإجابة عليها شفهياً وذلك بالتعبير عن ما يراه في الصور أمامه والمتعلقة بموضوع الدرس، ما يعتبر تدريباً لتقوية قابلية التلميذ على التعبير باللغة العربية وتشجيعاً له على التحدث بهذه اللغة من خلال استخدام المفردات التي تعلمها في الكتب السابقة.

وكما فعلنا في ما سبق من كتب السلسلة فإن "كتابي 4" يحتوي على ترجمة باللغة الإنكليزية لجميع المفردات الجديدة الواردة في موضوع الدرس وأحياناً لمفردات سبق للتلميذ أن درسها في الكتب السابقة والتي تعتبر مراجعة له؛ أيضاً إغناء لرصيده من المفردات اللغة العربية المهمة والتي يحتاجها في هذه المرحلة من حياته. وقد راعينا في ذلك أولياء أمور بعض التلاميذ غير الناطقين باللغة العربية وذلك ليتمكنوا من مساعدة أبنائهم في تحضير الدروس وفهمها. هذا بالإضافة إلى صور ملونة ومعبرة لمفردات الدرس والتي تسهل للتلميذ فهم الدرس واستيعابه.

بدءاً من هذا الكتاب، قمنا باستخدام تمارين استماع تتضمن جملاً، بعد أن كان التلميذ قد تدرب في الكتب السابقة على الإجابة على تمارين الاستماع المتضمنة كلمات فقط. وهذا بدوره يقوي مهارة التلميذ السمعية، كما يشجعه على التحدث بهذه اللغة وفهمها.

وعلى غرار الكتب السابقة، قمنا في "كتابي 4" بوضع ثلاثة اختبارات، واحد بعد كل وحدتين دراسيتين، هدفها إعطاء فرصة للتلميذ لتذكر ما تعلمه في الدروس السابقة، كذلك لتوفير فرصة للمعلمين لاختبار التلاميذ ومعرفة مستواهم ومدى استيعابهم للدروس، حيث يعطي الاختبار مؤشراً لنقاط الضعف لدى التلاميذ، وهذا بدوره يعطي فرصة للمعلمين للتركيز على هذه النقاط، وأيضاً معرفة الطرق الصحيحة التي يجب أن تتبع للنهوض بمستوى التلاميذ وتحقيق نتائج أفضل.

وبدءاً من السنة الرابعة هذه (وهي منتصف المرحلة الإبتدائية) قمنا بوضع كتاب في القواعد، يتعلم التلاميذ من خلاله القواعد الأساسية للغة العربية التي يحتاجونها في هذه المرحلة ليتمكنوا من معرفة الكلمات وحتى الجمل وكيفية استعمالها بالشكل الصحيح.

ونحن إذ نقدم هذا الكتاب لتلاميذنا الأعزاء نأمل أن نكون قد وفقنا لتقديم جميع المواضيع والمفردات التي يحتاجها التلميذ في هذه المرحلة من العمر. ونأمل أيضاً أن يوفق المعلمون باختيار الطرق الصحيحة في التدريس والتي تناسب مستوى التلميذ، وأن يراعوا البيئة غير العربية التي يعيش فيها التلاميذ والتي تتطلب من المعلمين صبراً وخبرة لتحقيق ما نصبوا إليه من نجاح ونحقق الأهداف التي وضعت من أجلها هذه السلسلة.

والله من وراء التوفيق.

المؤلفة

الوحدة الأولى

Unit 1

1 هَيّا إلى المدرسة

القِراءة Reading

إسْمي فائِز، أَنا فِي الصَّفِّ الثّالِث.

غَداً هُو أَوَّلُ يَوْمٍ فِي الْمَدْرَسَةِ،

أَذْهَبُ الْيَوْمَ مَعَ أُمّي إِلى السُّوقِ لِأَشْتَري

لَوازِم الْمَدْرَسَةِ:

سُتْرَة، سِروال، قَميص، حِذاء، حِذاءُ رِياضَة، جَوارِب، حَقيبَة.

يستيقظُ فائز في

الصَّباحِ الباكِر،

يَغْسِلُ وَجهَهُ،

وَيَلبَسُ مَلابِسَهُ،

وَيَحمِلُ حَقِيبَتَهُ، وَيَذْهَبُ إلى الْمَدْرَسَةِ.

التَّعبِير الشَّفَهِي Oral expression

أَجِبْ على الأسئلَةِ شَفَهِّياً: Answer the questions orally:

مَنْ (who) أُشاهِدُ فِي الصُّورة؟

مَنْ (who) أُشاهِدُ مَعَ فائِز؟

أيْنَ (where) فائز وأُمُّهُ؟

ماذا (what) يَحْمِلُ فائِز؟

Vocabulary مُفرَداتٌ أُحِبُّ أَنْ أَتَعَلَّمَها

إِسْمِي = إِسْم + ي : my name

غَداً : tomorrow (إسم noun)

أَوَّل : first (إسم noun)

أَذْهَبُ : I go

اليَوْم : today (إسم noun)

لِأَشْتَري = لِـ + أَشْتَري : to buy

لَوازِم : necessities (إسم noun)

يَسْتَيْقِظُ : He wakes up

الصَّباح الباكِر : early morning

يَغْسِلُ : He washes

وَجْهَهُ = وَجْه + هُ : His face (masculine) (إسم noun)

يَلْبَس : He wears

مَلابِسَهُ = مَلابِس + هُ : His clothes (masculine) (إسم noun)

يَحْمِلُ : He holds

أَتَذَكَّرُ أَنَّ

I remember that

وَ : and ، مَعَ : with

في in/at	**إلى** to	= **حُرُوفُ الجَرّ** prepositions

فائِز = إِسْم noun/name

إِسْمي ، اليوم ، وَجْه ، مَدْرَسَة
لَوازِم ، مَلابِس ، سُتْرَة ، سِرْوال
قَميص ، جَوارِب ، حِذاء ، حَقيبَة

} إسم noun

أُنْظُرْ وَاقْرَأْ   Look and read

صَّف

مَدْرَسَة

سُوق

سُتْرَة

سِرْوال

قَمِيص

حِذاء

حِذاء رِياضَة

جَوارِب

حَقِيبَة

وَجه

الصَّباح

Spelling الإملاء

فائِز: أذّهَبُ مَعَ أمِّي إلى السُّوقِ لِأَشْتَرِي لَوازِمَ الـمَدْرَسَةِ:

سُتْرَة، سِروال، قَميص، حِذاء، حِذاءُ رِياضَة، جَوارِب، حَقيبَة.

Read and write إِقْرَأْ وَاكْتُبْ

أَذْهَبُ الْيَوْمَ مَعَ أُمِّي إِلى السُّوقِ لِأَشْتَرِي لَوازِم الـمَدْرَسَةِ:

سُتْرَة، سِروال، قَميص، حِذاء، حِذاءُ رِياضَة، جَوارِب، حَقيبَة.

Exercises التمارين

Listening exercise تمرين استماع

1) إِسْتَمِعِي إِلى السُّؤال، ثُمَّ ضَعِي X في المُرَبَّعِ الصَّحِيح:

Listen to the question then put an X under the correct picture:

يَصِفُ المُعَلِّمُ الصُّوَرَ واحِدَةً واحِدَةً، أو يَستَخدِمُ قِراءَةَ القُرصِ المُدمَج.

The teacher describes the pictures one by one, or use the recording on the CD.

1

☐ ☐

2

☐ ☐

3

☐ ☐

4

☐ ☐

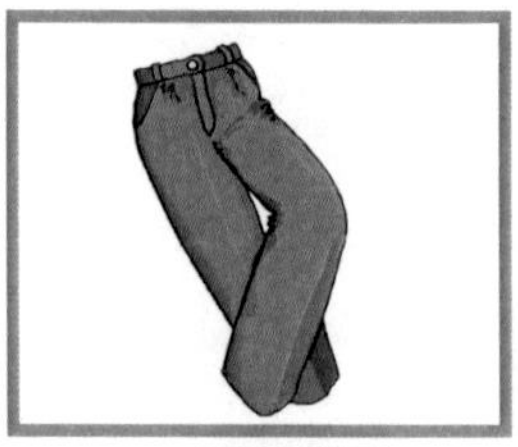

تَمارين كِتابَة   Writing exercises

2) أُكتُبْ تَحْتَ كُلِّ رَسْمٍ الفِعْل المُناسِب:

Write the suitable verb under the picture:

يَغْسِلُ . يَذْهَبُ . يَحْمِلُ

\------------ ------------ ------------

3) أُكْتُبِي ة - ـة فِي الفَراغِ المُناسِب:

Write ة _ ـة in the suitable place:

مَدْرَسَـ........ ، حَقِيبَـ........ ، سُتْرَ........ ، حِذاء رِياضَـ........

4) رَتِّب الكَلِماتِ التّالِيَةَ لِتَكوِّن جُمْلة:

Arrange the following words to make a sentence:

فائِز - إلى - يَذْهَبُ - المَدْرَسَةِ

----

5) ضَعِي خَطّاً تَحتَ الإسْم:

Underline the noun:

أَذْهَبُ الْيَوْمَ مَعَ أُمّي إِلى السُّوقِ لِأَشْتَري لَوازِم المَدْرَسَةِ:

سُتْرَة، سِروال، قَميص، حِذاء، حِذاءُ رِياضَة، جَوارِب، حَقيبَة.

6) أُربُطْ بين الكَلِماتِ لِتَحصُلَ على جُمَلٍ صَحيحَة:

Join the correct words to make sentences:

حَقيبَتَهُ	★	★	يَلْبَسُ
المَدْرَسَةِ	★	★	يَحْمِلُ
مَلابِسَهُ	★	★	يَذْهَبُ إِلى

2 عائِلَتِي

القِراءة Reading

إِسْمِي سناء، أَعِيشُ مَعَ عائِلَتِي - أَبِي، وَأُمِّي، وَأُخْتِي سارة وَأَخِي سامِر فِي بَيْتٍ كَبِيرٍ. بَيْتِي بَعِيدٌ عَن الْمَدْرَسَةِ.

أَذْهَبُ كُلَّ يَوْمٍ إِلى الْمَدْرَسَةِ بِالباصِ.

جارَتِي وَصَدِيقَتِي لِينَة مَعِي فَي الْمَدْرَسَةِ.

تَمْشِي لِينَة إلى الْـمَدْرَسَةِ كُلَّ يَوْمٍ .

تَقُولُ لِينَة : "الْـمَشيُ رِياضَةٌ مُفِيدَةٌ"!

التَّعبِيرُ الشَّفَهِي   Oral expression

Answer the questions orally: أَجِبْ على الأسئلَةِ شَفَهِّياً:

في الصُّورة أعلاه: مَنْ (who) أُشاهِدُ فِي الصُّورة؟

مَنْ (who) تَـمْشِي فِي الشارِع؟

أيْنَ (where) تَـجْلِسُ سَناء؟

أيْنَ (where) تَذْهَبُ سَناء؟

مُفرَداتٌ أُحِبُّ أَنْ أَتَعَلَّمَها Vocabulary

أَعِيشُ : I live

عائِلَتِي = عائِلَة + ي : my family (مؤنث feminine)

أَبِي = أَب + ي : my father (مذكر masculine)

أُمِّي = أُم + ي : my mother
أُختِي = أُخْت + ي : my sister
(مؤنث feminine)

أَخِي = أَخ + ي : my brother (مذكر masculine)

جارَتِي = جارَة + ي : my neighbour
صَدِيقَتِي = صَدِيقَة + ي : my friend
(مؤنث feminine)

(**جارِي = جار + ي / صَدِيقِي = صَدِيق + ي** مذكر masculine)

المَشي : walking ، رِياضَة : exercise ، مُفِيدَة : beneficial

أَتَعَلَّمُ أَنَّ
I learn that

مَعَ : with

مَعِي : مَعَ + ي : with me

حُرُوفُ الـجَرّ prepositions ⟸ { عَن from } { إلى to } { في in/at }

سَناء ، لِينَة = مؤنث/إِسْم feminine/girls names

feminine nouns مؤنث {
أُمّي ، أُخْتِي ، مَدْرَسَة
جارَتي ، صَدِيقَتِي ، رِياضَة
}

أَبِي ، أَخِي ، جارِي ، صَدِيقِي masculine nouns مذكر

Remember ⟹ Taa marboota ة ، ـة

الأَضْداد Opposites

 صَغِير ≠  كَبِير

 قَرِيب ≠  بَعِيد

أُنْظُر وَاقْرَأ Look and read

عائِلَة

بَيْت

بَيْت كَبير

باص

جار

صَدِيق

الـمَشِي

رِياضَة

الإملاء Spelling

إِسْـمِي سَـناء، أَذْهَـبُ كُـلَّ يَومٍ إِلـى الـمَـدْرَسَـةِ بِالباصِ.

جـارَتِي وَصَـديقَتِـي لِـينَـة مَـعِـي فِـي الـمَـدْرَسَـةِ.

تَـمْشِـي لِـينَـة إِلـى الـمَـدْرَسَـةِ كُـلَّ يَـومٍ.

إِقْرَأْ وَاكْتُبْ   Read and write

بَيْتِي بَعِيدٌ عَنِ الْـمَدْرَسَةِ،

أَذْهَبُ كُلَّ يَوْمٍ إِلَى الْـمَدْرَسَةِ بِالباصِ.

التمارين   Exercises

تَـمارين استِماع   Listening exercises

1) أُنْظُرْ إِلَى الصُّورِ التَّالِيَةِ، ثُمَّ اسْتَمِعْ إِلَى الْقُرْصِ الْـمُدْمَجِ واخْتَرْ الْـجَوابَ الصَّحِيحَ، وَاكْتُبْ رَقْمَهُ فِي الْـمُرَبَّعِ:

Listen to the CD and choose the right answer, and then write its number in the box:

1. أَذْهَبُ كُلَّ يَوْم إلى الْـمَدْرَسَةِ بِـ ______ .

2. ☐ رِياضَةٌ مُفيدَةٌ.

3. الدَّجاجَةُ حَيْوانٌ ☐ .

2) ضَعْ عَلامَةَ X تَحْتَ الصُّورَةِ الّتي تَسْمَعُ إِسْمَها:

Put an X under the picture that you hear:

يذكرُ الـمُعلِّمُ إسمَ صُورةٍ واحدةٍ من كل زوجٍ، أو يَستخدِمُ خياراتِ القُرصِ الـمُدمَجِ.

The teacher chooses the name of one picture from each pair, or use the choices on the CD.

1

2

3

4

تَـمارِين كِـتابَة Writing exercises

3) أُكْتُبي الفِعْلَ النّاقِصَ فِي الفَراغِ الـمُناسِبِ وَضَعِي خَطّاً تَـحتَ الـمُذَكَّرِ وخَطَّينِ تَـحتَ الـمُؤَنَّث:

Write the suitable verb in the spaces; then draw one line under the masculine words and two lines under the feminine words:

تَـمْشِـي - أَعِيشُ - أَذْهَبُ

1. إِسْـمِي سـنـاء، .... مَعَ عائِلَتِي فِي بَيْتٍ كَبِيرٍ.

2. .... كُلَّ يَوْمٍ إِلـى الْـمَدْرَسَةِ بِالباصِ.

3. .... لِينَة إِلى الـمَدْرَسَةِ كُلَّ يَوْمٍ.

4) أُكْتُبْ **و** أو **مَعَ** في الفَراغ بِـما يُناسِب فِيما يَلِي:

Write either **و** or **مَعَ** in the suitable blanks:

1. جارَتِي .... صَدِيقَتِي لِينَة .... فَي الْـمَدْرَسَةِ.

2. أَعِيشُ .... عائِلَتِي: أَبِي، ......أُمِّي، ......أُخْتِي سارَة .... أَخِي سامِر فِي بَيْتٍ كَبِيرٍ.

5) أُكتُبي الكَلِمَةَ الـمُناسِبَةَ في كُلِّ فَراغٍ كما تُعَبِّرُ الصُّورَة:

Complete each sentence with the appropriate word as expressed by the picture:

كَبيرٌ ، بالباصِ ، بَيتِي ، صَدِيقَتِي ، الـمَشي

.... بَعيدٌ عَن الْـمَدْرَسَةِ.

.... رياضَةٌ مُفيدَةٌ.

الـحُوتُ ....

أَذْهَبُ كُلَّ يَوْمٍ إِلى الْـمَدْرَسَةِ ....

جارَتي وَ .... لِينَة مَعِي فِي الْـمَدْرَسَةِ.

3 مَدْرَسَتِي

القِراءة Reading

تَقَعُ مَدْرَسَتِي فِي شارِعٍ عَرِيضٍ فِي وَسَطِ الْمَدِينَةِ؛ لَها بوّابَتان كَبيرَتان. تَتَكَوَّنُ مَدْرَسَتِي مِنْ طابِقَيْنِ،

الطّابِقُ الأَوَّلُ فِيهِ صُفُوفٌ وَغُرْفَتانِ لِلْحاسُوبِ، وَقاعَةٌ كَبِيرَةٌ لِلإحْتِفالِ.

الطّابِقُ الثّانِي فِيهِ صُفُوفٌ أَيْضاً، وَغُرْفَةُ الْمُدِيرِ، وَغُرَفُ الْمُعَلِّمِينَ،

وَمُخْتَبَرانِ، وَغُرْفَةُ حاسُوبٍ، وَحَمّامَاتٌ، وَحانُوتُ الْـمَدْرَسَةِ.

تُوجَدُ فِي الْـمَدْرَسَةِ ساحَتانِ كَبِيرَتانِ، الأُولى أَمامَ الْـمَدْرَسَةِ فِيها ثَلاثَةُ مَلاعِبَ لِلرِّياضَةِ. وَمَوْقِفٌ واحِدٌ لِلسَّيّاراتِ.

السّاحَةُ الثّانِيَةُ خَلْفَ الْـمَدْرَسَةِ، فِيها حَدِيقَةٌ جَمِيلَةٌ، وَفِيها شَجَرَتانِ كَبِيرَتانِ وَوُرُودٌ مُلَوَّنَةٌ.

التَّعْبِيرُ الشَّفَهِي   Oral expression

أَجِبْ على الأسئلَةِ شَفَهِّياً:   Answer the questions orally:

مَنْ (who) أُشاهِدُ فِي الصُّورَةِ؟

أَيْنَ (where) يَقِفُ فائِزٌ؟

إلى ماذا (to what) يُشِيرُ فائِزٌ؟

Vocabulary مُفرَداتٌ أُحِبُّ أَنْ أَتَعَلَّمَها

We add ين or ان to make a dual

تَقَع : located / وَسَط : middle

طابِقَيْن = طابِق + ين : two floors (مُثَنّى dual)

غُرْفَة : room (مُفرَد singular)

الـمُدِير : the head teacher (مُفرَد singular)

صُفُوف : classrooms (جَمع plural)

غُرَفُ الـمُعَلِّمِين : teachers rooms (جَمع plural)

حَمّامات : bathrooms (جَمع plural)

إحتفال : celebration

شَجَرَتان = شَجَرة + ان : two trees (مُثَنّى dual)

وُرُود : flowers (جَمع plural)

Opposites الأَضْداد

عَرِيض ≠ ضَيِّق

أَمام ≠ خَلْف

أُنْظُر وَاقْرَأ   Look and read

بَوّابة

حاسوب

قاعَة

مُخْتَبَر

حَمّام

حانُوت

ساحَة

مَلاعِب

مَوْقِف سيّارات

حَدِيقَة

شَجَرَة

وُرود مُلَوَّنَة

الإملاء Spelling

تَقَعُ مَـدْرَسَـتِي فِي وَسَـطِ الـمَـدِينَةِ. تَتَكَـوَّنُ مَـدْرَسَـتِي مِن طابِقَيْن،
الطّابِقُ الأَوَّلُ فِيهِ صُفوفٌ وَغُـرفَتان لِلـحاسِـوبِ.
الطّابِقُ الثّانِي فِيهِ غُرْفَةُ الـمُدِيرِ.

إِقْـرَأْ وَاكْـتُـبْ Read and write

تَتَكَـوَّنُ مَـدْرَسَـتِي مِنْ طابِقَيْن ،
الطّابِقُ الأَوَّلُ فِيهِ صُفُوفٌ وَغُرْفَتانِ لِلْـحاسُوبِ .

Exercises التمارين

Listening exercise تمرين استِماع

1) ضَعْ عَلامَةَ X تَحْتَ الصُّورَةِ الّتي تَسْمَعُ إسْمَهَا:

Put an X under the picture that you hear:

يذكُرُ المُعَلِّمُ إسمَ صُورَةٍ واحدةٍ من كل زَوجٍ، أو يَستَخدِمُ خياراتِ القُرصِ المُدمَج.

The teacher chooses the name of one picture from each pair, or use the choices on the CD

1

2

3

4

Writing exercises تـَمارين كِتابة

2) إملئي الفَراغَ بالكَلِمةِ الـمُناسِبَة:

Fill in the spaces with the suitable words:

مَلاعِب - قاعَةٌ - شارِع

1. تَقَعُ مَدْرَسَتي في .... عَريضٍ.

2. في مَدْرَسَتي................. كَبيرَةٌ لِلاِحْتِفالِ.

3. في الـمَدْرَسَةِ ثَلاثَةُ ....

3) أُربُطْ بَيْنَ الكَلِمَةِ وَضِدِّها، وصِلْها بالصّورةِ الـمُناسِبَة:

Draw an arrow to join the opposite words; then join the words to the suitable pictures:

كَبير سَعيد

عَريض صَغير

خَلْف ضَيِّق

حَزين أَمام

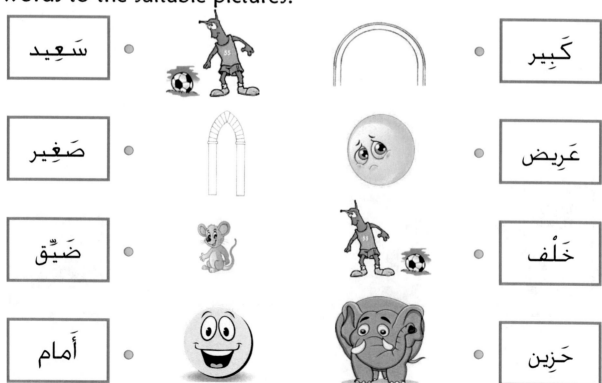

4) رَتِّبِي الكَلِماتِ التّاليَةَ لِتُصبِحَ جُمَلاً:

Arrange the following words to make sentences:

كَبِيرَتان	فِي	سَاحَتان	الـمَدْرَسَة

كَبِيرَةٌ	فِي الـمَدْرَسَةِ	لِلإحْتِفال	قاعَةٌ

----

5) ضَعْ خَطّاً تَحتَ الكَلِماتِ الَّتي تَدُلُّ على الـمُثَنّى:

Underline the dual words:

تَتَكَوَّنُ مَدْرَسَتي مِنْ طابِقَيْن، الطّابِقُ الأوَّلُ فِيهِ صُفُوفٌ وَغُرْفَتان لِلْحاسُوبِ؛ الطّابِقُ الثّاني فِيهِ صُفُوفٌ أَيْضاً، وَمُخْتَبَرانِ، وَغُرفَةُ حاسُوبٍ، وَحَمّامّاتٍ، وَحانُوتُ الـمَدْرَسَةِ.

تُوجَدُ فِي الْـمَدْرَسَةِ ساحَتانِ كَبِيرَتانِ.

6) صِلِي بَيْنَ العِبارَةِ والصُّورَةِ المُناسِبَة:

Match the sentences with the pictures:

1. تَقَعُ مَدْرَسَتِي فِي شارِعٍ عَرِيضٍ.

2. أَمامَ المَدْرَسَةِ ساحَةٌ كَبِيرَةٌ فِيها ثلاثَةُ مَلاعِب لِلرِّياضَة.

3. فِي المَدْرَسَةِ حَدِيقَةٌ جَمِيلَةٌ.

4. فِي المَدْرَسَةِ غُرْفَةُ حاسُوبٍ.

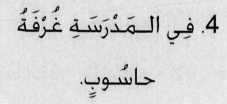

5. فِي المَدْرَسَةِ حانُوتٌ.

6. تَقَعُ غُرْفَةُ المُدِير فِي الطّابِقِ الثّانِي.

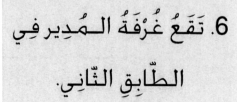

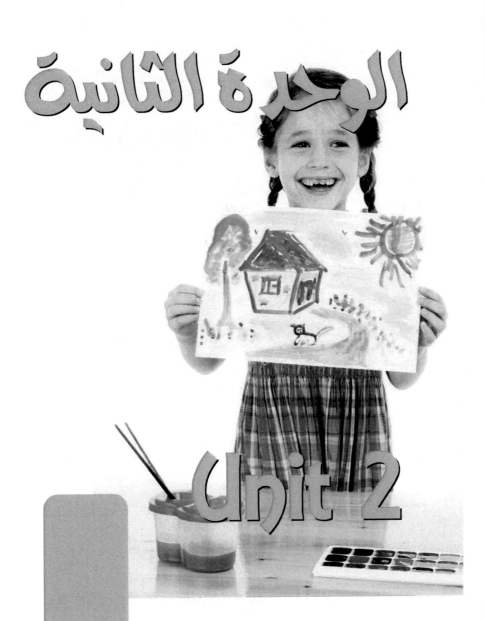

الوحدة الثانية

Unit 2

4 مَنْ أَنا . وَما هِوايَتي

القِراءة والحِوار	Dialogue – Reading

سَمِيرَة : السَّلامُ عَلَيْكُم، أَنا إِسْمِي سَمِيرَة ، مِنْ سُورية. أَنا تِلْمِيذَةٌ فِي الصَّفِّ السّابِع. هِوايَتِي قِراءَةُ القِصَصِ.

لَـمِيس : وَعَلَيْكُمُ السَّلام، أَنا إِسْمِي لَـمِيس، مِنَ السُّودان. أَنا تِلْمِيذَة فِي الصَّفِّ الثّامِنِ. هِوايَتِي جَمْعُ صُوَرِ الْـحَيْوانات.

ياسِر : أَنا إِسْمِي ياسِر، مِنَ العِراق. أَنا تِلْمِيذٌ فِي الصَّفِّ العاشِرِ. هِوايَتِي جَمْعُ صُوَرِ السَّيّاراتِ.

خالِد : أَنا إِسْمِي خالِد مِنَ الأُرْدُنّ.

أَنا تِلْمِيذٌ فِي الصَّفِّ الثّامِنِ.

هِوايَتِي لُعْبَةُ كُرَةِ القَدَمِ.

التَّعبِير الشَّفَهِي Oral expression

أَجِبْ على الأسئلَةِ شَفَهِّياً: Answer the questions orally:

مِنْ أَيْنَ (from where) سَمِيرَة؟

مِنْ اَيْنَ لَمِيس؟

مِنْ أَيْنَ ياسِر؟ وفِي أي (which) صَفّ؟

مِنِ أَيْنَ خالِد؟ وما هِيَ (what is) هِوايَتُهُ؟

مُفرَدات أُحِبُّ أَنْ أَتَعَلَّمَها Vocabulary

السَّلامُ عَلَيْكُم : (= hello)

وَعَلَيْكُمُ السَّلام

أَنا : I am / إِسْمِي : my name

مِنْ **سُورِيَة** : from Syria ⟸ (إِسْم عَلَم)

تِلْمِيذَة : (fem.) student ⟸ (إِسْم جِنْس)

تِلْمِيذ : (masc.) student ⟸

هِوايَتِي : my hobbies

قِراءَة القِصَص : reading stories / جَمْع : collect

صُوَر : pictures / لُعْبَة : game

أَتَعَلَّمُ أَنَّ

I learn that

تِلْمِيذ ، تِلْمِيذَة } إِسْم جِنْس — Non-particular person

سَمِيرَة ، لَمِيس ، ياسِر
خالِد ، سُورِيَة ، السُّودان
العِراق ، الأُرْدُنّ } إِسْم عَلَم — Particular person or thing

مِنْ
from

حَرْفُ جَرّ
preposition

ياسِر : أنا مِنْ سُورِيَة.

أُنْظُر وَاقْرأ Look and read

تِلْمِيذَة

قِصَص

السُّودان

الحَيْوانات

العِراق

السَّيّارات

الأُرْدُنّ

كُرَة القَدَم

الإملاء Spelling

ياسِر: أَنا مِنَ العِراق. أَنا تِلْمِيذٌ فِي الصَّفِّ العاشِر. هِوايَتِي جَمْعُ صُوَرِ السَّيّارات.

سَمِيرَة: أَنا مِن سُورِيَة. هِوايَتِي قِراءَةُ القِصَصِ.

إِقْرَأْ وَاكْتُبْ Read and write

أَنا ياسِر مِنَ العِراق ، أَنا تِلْمِيذٌ فِي الصَّفِّ العاشِرِ .

هِوايَتِي جَمْعُ صُوَرِ السَّيّاراتِ .

التمارين Exercises

تـمارين استماع Listening exercises

1) أُنْظُرْ إِلى الصُّوَرِ التّالِيَةِ واسْتَمِعْ إِلى القُرْصِ المُدْمَجِ واخْتَر الْجَوابَ الصَّحِيحَ، واكْتُبْ رَقْمَهُ فِي الفَراغِ:

Listen to the CD and choose the right answer, and then write its number in the space:

1. لـميس : أنا من ☐ .

2. ياسِر : هِوايتي هِي جمع صور ☐ .

3. أنا ☐ مِنَ الأُرْدُنّ.

4. إسْمِي سَمِيرَة أنا من ☐ .

2) إرسِمْ دائِرَةً حَوْلَ الصُّورَةِ الّتي تسْمَعُ إسْمَها:

Draw a circle around the picture that you hear:

يذكرُ الـمُعَلِّمُ اسْمَ صُورَةٍ واحدةٍ مِن كلِّ زوجٍ، أو يَسْتَخْدِمُ خَيارات القُرصِ الـمُدمَج.

The teacher chooses the name of one picture from each pair, or use the choices on the CD.

   **2**    **1**

  **4**    **3**

تَـمارين كِتابة   Writing exercises

3) رَتِّبي الـحُـرُوفَ لِتَحصُلي على كَلِماتٍ:

Rearrange the letters to make words:

ي – و – ا – هِـ – تِ – يَ =

....

ص – ا – لـ – صَ – قٍ   =

....

4) أُرْبِطي بِخَطٍّ بَيْنَ الْـجُـمْلَةِ والرَّسْـمِ الْـمُناسِب:

Connect between the sentence and the matching picture:

هِوايَتي قِراءة القِصَص.

أَنا تِلْميذَةٌ مِن السُّودان.

هِوايَتي لُعْبة كُرَة القَدَم.

أَنا تِلْميذٌ فِي الصَّفِّ العاشِرِ.

5) أُرْبِطْ بَيْنَ اسْمِ الْعَلَمِ وَاسْمِ الْجِنْسِ الْمُناسِبِ:

Connect between the ism al-alam and the suitable ism al-jins:

لَميس	العِراق	ياسِر
✼	✼	✼
✼	✼	✼
بِنْت	وَلَد	بَلَد (country)

6) ضَعِي عَلامَةَ ✓ أو عَلامَةَ ✗ فِي الـمُرَبَّعِ بِـما يُناسِبُ:

Put either ✓ or ✗ in the appropriate box:

1. هِوايَةُ خالِد جَمْعُ صُوَرِ الـحَيْواناتِ. ☐

2. سَميرَةُ تِلْميذَةٌ فِي الصَّفِّ السّابِعِ. ☐

3. ياسِـرُ وَلَدٌ مِنَ الأُرْدُنّ. ☐

4. هِوايَةُ لَـميس قِراءَةَ القِصَصِ. ☐

7) أُكْتُبُ **فِي** أو **مِن** فِي الـمَكانِ الـمُناسِبِ:

Write either **فِي** or **مِن** in the suitable place:

أَنا إِسْمِي ياسِر. .... العِراق.

أَنا تِلْميذٌ .... الصَّفِ العاشِرِ.

5 التَّسَوُّق

القِراءة Reading

أَذْهَبُ مَعَ أُخْتِي الكَبِيرَةِ كُلَّ يَومِ أَحَدٍ إِلى السُّوقِ لِشراءِ لَوازِمِ البَيتِ. نَذهَبُ أَوَّلاً إِلى قِسْمِ اللُّحُومِ ونشتَرِي اللَّحْمَ والدَّجاجَ.

وَنذهَبُ لِنَشْتَرِي الحَليبَ لِأَخِي الصَّغِيرِ. ثُمَّ نَذهبُ لِشراءِ لَوازِمِ البَيتِ الأُخْرى مِثْلِ صابُونِ المَلابِسِ وصابُونِ الصُّحُونِ.

طَلَبَت أُمِّي أَنْ نَشْتَرِيَ باقَةَ وَردٍ جَميلةٍ تَضَعُها فِي غُرْفَةِ الْجُلوسِ.

وأَخِيراً نَشْتَري الْـجَرِيدَةَ لِأَبِي. ثُمَّ نَعُودُ إِلى البَيتِ، نُساعِدُ أُمَّنا، وَنُرَتِّبُ الأَغْراضَ.

التَّعبِير الشَّفَهِي — Oral expression

أَجِبْ على الأسئلَةِ شَفَهِّياً: Answer the questions orally:

مَنْ (who) أُشاهِدُ فِي الصُّورَةِ أَعلاه؟

لِماذا (why) ذَهَبَتِ الأُختانِ إلى السُّوقِ؟

لِماذا (why) ذَهَبَتا إلى قِسْمِ بَيعِ الوُرُودِ؟

لِمَن (to whom) إشْتَرَيتا الْجَرِيدَةَ؟

مُفرَدات أُحِبُّ أَنْ أَتَعَلَّمَها — Vocabulary

أخت + ي = أُخْتِي الكَبيرَة : my big sister

نَكِرَة ⇐ مَعْرِفَة

كبيرة + ال = الكَبِيرَة : (the) big

نَكِرَة ⟸ مَعْرِفَة

كُلَّ يَوْمِ أَحَدٍ : every Sunday

لِشراءِ : لِـ + شِراء: (so that) to buy ، مِثْلَ : like

نَذْهَبُ : we go ، أَوَّلاً : first/firstly

قسم + اللحوم = قِسْمُ اللُّحُوم : the meat section

نَكِرَة ⟸ مَعْرِفَة

ثُمَّ : then

لوازم + البيت = لَوازِمَ البيت : household goods

نَكِرَة ⟸ مَعْرِفَة

الأُخْرى : the other ، طَلَبَت : She asked (feminine)

تَضَعُها : She puts them ، نَعُود : we come back

أَخِيراً : finally ، نُرَتِّب : we tidy up

أغراض + ال = الأَغْرَاضَ : the shopping

نَكِرَة ⟸ مَعْرِفَة

أَتَعَلَّمُ أَنَّ

I learn that

Al Nakirah: a noun that refers to an unknown human, animal or object.	نَكِرَة { سُـوق – يَوْم – لَـوازِم – أُخْـت أُم – أَب – بَيْت – أغراض }

Al Ma'rifah: a noun that refers to a known human, animal or object.	مَعْرِفَة { أُخْتِي الكَبِيرَة – قِسْم اللُّحوم أَخِـي الصَّغِـير – أُمِّـي غُرْفَةِ الـجُـلُـوس – الْـجَـريدة أَبِي – الأغـراض }

الأَضْداد   Opposites

نَعُـود   ≠   نَذْهَبُ

أُخْـتِي الصَّغِيرَة   ≠   أُخْـتِي الـكَبِيرَة

(finally) أَخِيراً   ≠   أَوَّلاً (first/firstly)

أُنْظُرْ وَاقْرَأْ Look and read

سُوق

أُخْت

قِسْمُ اللُّحُوم

اللَّحْم

الدَّجاج

الحَلِيب

أَخِي الصَّغِير

صابُونُ المَلابِس

صابُونُ الصُّحُون

باقَةُ وَرْد

غُرْفَةُ الجُلُوس

الْجَرِيدَة

الإملاء Spelling

أَذْهَبُ إلى السُّوقِ لِشِراءِ لَوازِمِ البَيْتِ. أَشْتَري الحَليبَ لِأَخي الصَّغيرِ،

وَأَشْتَرِي لِأُمِّي بَاقَةَ وَرِدٍ جَمِيلَةٍ. وَأَشْتَرِي الْـجَرِيدَةَ لِأَبِي.

إِقْرَأْ وَاكْتُبْ   Read and write

نَذهَبُ لِنَشْتَرِيَ الْـحَلِيبَ لِأَخِي الصَّغِيرِ. ثُمَّ نَذهَبُ لِشِراءِ لَوازِمِ الْبيتِ الأُخْرى مِثْلَ صابُونِ الْـمَلابِسِ وصابُونِ الصُّحُونِ.

التمارين   Exercises

تَـمارين استِماع   Listening exercises

1) أُنْظُرْ إلى الصُّوَرِ التّالِيَةِ واسْتَمِعْ إلى الْقُرْصِ الـمُدْمَجِ واخْتَر الْـجَوابَ الصَّحِيحَ، واكْتُبْ رَقْمَهُ في الـفَراغِ:

Listen to the CD and choose the right answer, then write its number in the space:

1. أَذْهَبُ مَعَ ☐ لِشِراءِ لَوازِمِ البَيْتِ.

2. نَشْتَري الـحَليب ☐ .

3. طَلَبَت أُمّي أَنْ نَشْتَريَ باقَةَ وَرِدٍ جَميلةٍ تَضَعُها فِي ☐ .

4. وَأَخيراً نَشْتَري ☐ لأَبي.

2) ضَعْ عَلامَةَ ✗ تَحْتَ الصُّورَةِ الّتي تسْمَعُ إِسْمَها:

Put an ✗ under the picture that you hear:

يَذكُرُ الـمُعَلِّمُ اِسمَ صُورَةٍ واحدةٍ من كلِّ زَوجٍ، أو يَستخدِمُ خَياراتِ القُرصِ الـمُدمَجِ.

The teacher chooses the name of one picture from each pair, or use the choices on the CD.

 HOSPITAL  SUPER MARKET

 **2**   **1**

  **4**     **3**

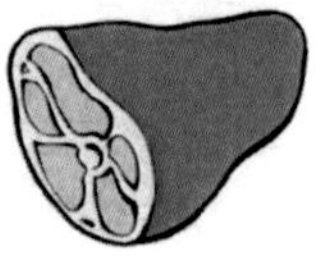

تــمارِين كِتابة Writing exercises

3) أُكْـتُـبي الـكَـلِماتِ تَـحْـتَ الـصُّـوَرِ بِـما يُـناسِـب:

Write the words below the suitable pictures:

السُّـوق

صابُونُ الـمَلابِس

لَوازِمُ البَيْت

الـحَلِيب

غُرْفَةُ الْـجُلُوس

باقَةُ وَرْد

....

....

....

4) أُكْتُبِ الكَلِمَةَ الـمُناسِبَةَ فِي الفَراغِ:

Write the suitable word in each of the spaces:

أَقْرَأُ - الأَغْراضَ - غُرْفَةِ الـجُلُوسِ - السُّوقِ - أَشْتَرِي

1. أَذْهَبُ إِلى .... 2. .... لَوازِمَ البَيْتِ.

3. أُرَتِّبُ .... 4. .... الْـجَرِيدَةَ.

5. أَضَعُ باقَةَ الوَرْدِ فِي ....

5) أُرْبُطِي بَيْنَ الكَلِمَةِ وَضِدِّها:

Draw an arrow to join the opposite words:

أَخِيراً ○	○ كَبِيرَة
صَغِيرة ○	○ أَوَّلاً
نَعُود ○	○ نَذْهَب

6) إقْرَأ الكَلِمَةَ الَّتي في وَسَطِ كُلِّ مُرَبَّعٍ ثُمَّ ارْسِمْ خَطّاً بَيْنَها وبَيْنَ كُلِّ كَلِمَةٍ تُناسِبُها (إتَّبِع المِثالَ):

Read the word in the middle of each box, then draw lines to join each middle word to the suitable picture (follow the example):

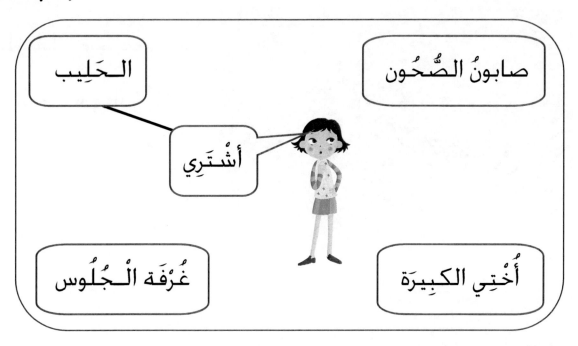

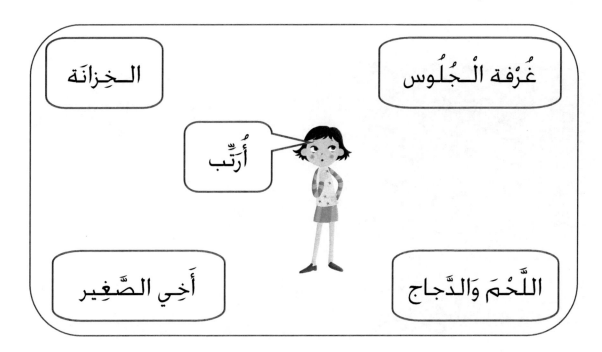

6 نُزْهَةٌ فِي الغابَةِ

القِراءة والحِوار Dialogue – Reading

دَعا عادِل صَديقَهُ ثامِر إِلى نُزْهَةٍ فِي الْغابَةِ.

قالَ عادِل : أُنْظُر يا ثامِر، هذا العُصْفُورُ يَبْنِي عُشَّهُ!

ثامِر : وَهذِهِ الْحَمامَةُ تَحْمِلُ الْحَبَّةَ بِمِنْقارِها لِتُطْعِمَ فِراخَها.

عادِل : أُنْظُرْ إِلى هذا الدِّيكِ، يَبْحَثُ فِي الأَرضِ عَن دُودَةٍ لِيَأْكُلَها.

ثامِر : وَهذا قِرْدٌ يَتَسَلَّقُ فَوْقَ الأَشْجارِ.

عادِل : أُنْظُرْ إِلى هذهِ العَصافِيرِ على الشَّجَرَةِ، كَمْ جَميلَةٌ أَلوانُها!

ثامِر : هذهِ العَصافِيرُ تُزَقْزِقُ فَوْقَ الأَشْجارِ، ما أَجْمَلَ صَوْتُها!

عادِل وثامِر : ما أَجْمَلَ خَلْقُ اللهِ! سُبحانَ اللهِ!

التَّعبِير الشَّفَهِي Oral expression

أَجِبْ على الأَسْئِلَة شَفَهِيّاً: Answer the questions orally:

مَنْ (who) أَشاهِدُ فِي الصُّورةِ؟

إِلى أَيْنَ (where) ذَهَبَ عادِلُ وثامِرُ؟

ماذا (what) شاهَدَ عادِل وثامِر فَوْقَ الشَّجَرَةِ؟

ماذا تَحْمِلُ الحَمامَةُ فِي مِنْقارِها؟

مُفرَداتٌ أُحِبُّ أَنْ أَتَعَلَّمَها   Vocabulary

دَعا : he invited   .   صَديقَهُ : his friend

أَنْظُرُ : look   .   يَبْني : he/it is building

هذِهِ : this is   إسْم إشارَة   feminine
                                                          to name/point at people or things
هذا : this is   إسْم إشارَة   masculine

تَحْمِلُ : she holds   .   لِتُطْعِمَ : to feed

يَبْحَثُ : he/it looks for   .   الأَرض : the Earth

عَن : for (preposition)   .   لِيَأْكُلَها : to eat it

يَتَسَلَّق : he climbs   .   فَوْقَ : over

كَمْ جَميلَةٌ : how beautiful   .   أَلْوانُها : their colours

تُزَقْزِقُ : tweet

ما أَجْمَلَ صَوْتُها : how beautiful is their sound

خَلْقُ الله : God's creation

أَتَعَلَّمُ أَنَّ

I learn that

ISHAREH is a pronoun used to name/point at people, animals, plants or objects.	هذا إسْم إشارَة masculine هذه إسْم إشارَة feminine

الأَضْداد Opposites

فَوْق ≠ تَحْت

أُنْظُر وَاقْرَأ Look and read

نُزْهَة	الغابَة	عُصْفُور	عُش

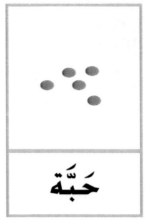

حَمامَة

حَبَّة

مِنْقار

فِراخ

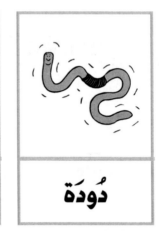

دِيك

دُودَة

قِرْد

عَصافِير

الإملاء Spelling

أُنْظُرْ يا ثامِر، هذا العُصْفُور يَبْنِي عُشَّهُ!

وَهذِهِ الحَمامَةُ تَحْمِلُ الحَبَّةَ بِمِنْقارِها لِتُطْعِمَ فِراخَها.

وَهذا الدِّيكُ يَبْحَثُ فِي الأَرْضِ عَن دُودَةٍ لِيَأْكُلَها.

إِقْرَأْ وَاكْتُبْ   Read and write

أُنْظُرْ إِلى هذا الدَّيكِ ، يَبْحَثُ فِي الأَرضِ عَن دُودَةٍ لِيَأْكُلَها .

أُنْظُرْ إِلى هذِهِ العَصافِيرِ على الشَّجَرَةِ ، كَمْ جَمِيلَةٌ أَلْوانُها!

التمارين   Exercises

تـمارين استِماع   Listening exercises

1) أُنْظُرْ إِلى الصُّورِ التّالِيَةِ واسْتَمِعِ إِلى القُرْصِ الـمُدْمَجِ واخْتَرِ الـجَوابَ الصَّحِيحَ، وَاكْتُبْ رَقْمَهُ فِي الـفَراغِ:

Listen to the CD and choose the right answer, then write its number in the space:

1. ☐ الْـحَـمامَـةُ تَـحْـمِلُ الْـحَـبَّـةَ بِـمِـنْـقارِها.

2. ☐ الـدِّيكُ يَـبْـحَـثُ فِـي الأَرضِ عَـن دُودَةٍ لِـيَـأْكُـلَـها.

3. هـذِهِ الـعَـصافِيرُ تُزَقْزِقُ ☐ الأَشْـجارِ.

4. هـذا الـعُـصْـفُـورُ يَـبْـنِـي ☐ .

2) ضَـعْ عَـلامَـةَ X تَـحْـتَ الـصُّـورَةِ الّـتـي تـسْـمَـعُ إِسْـمَـها:

Put an X under the picture that you hear:

يذكرُ الـمُـعَلِّمُ إسمَ صُورَةٍ واحدةٍ من كلِ زوجٍ، أو يَستخدِمُ خياراتِ القُرصِ الـمُدمَج.

The teacher chooses the name of one picture from each pair, or use the choices on the CD.

2

1

تـمارين كِتابة Writing exercises

3) أُرْبُطْ بَيْنَ الـمَقْطَع فِي العَمُودِ الأَيْـمَنِ بالـمَقطَعِ الذي يُناسِبُهُ فِي العَمُودِ الأَيسَـرِ:

Match each sentence in the right column to the suitable sentence in the left column:

دَعا عادِل صَدِيقَهُ ثامِر	تُزَقْزِقُ فَوْقَ الأَشْجار.
هٰذِهِ الـحَمامَةُ تَـحملُ حَبَّةً	يَتَسَلَّقُ فَوْقَ الأَشْجار.
هٰذا القِرْدُ	أَلْوانُها.
هٰذِهِ العَصافِيرُ	إلـى نُزْهَةٍ فِي الغابَة.
هٰذا الدِّيكُ يبحثُ فِي الأَرْضِ	عَن دُودَةٍ لِيَأْكُلها.
هٰذه العصافيرُكَمْ جميلةٌ	بِـمِنْقارِها لِتُطعِمَ فِراخَها.

4) أُنْظُرِي إلـى الصُّورَةِ وَاكْتُبِي الكَلِمَةَ الـمُناسِبَةَ فِي الفَراغِ:

Look at the picture and then write the suitable word in the space:

تَـحْـتَ ، فَـوْقَ

البِنْتُ .... الشَّجَرَة.

تَـحْـتَ ، فَـوْقَ

القِطَّةُ .... الشَّجَرَة.

5) رَتِّب الكَلِماتِ التالِيَةَ لِتُكَوِّنَ جُمْلَةً ثُمَّ اكْتُبْها فِي الفَراغِ:

Arrange the following words in order to make sentences and then write them in the spaces below:

ثامِر - الغابة - صَدِيقَهُ - إلى - عادِلُ - دَعا - في - نُزْهَة

____

صَوْتَها! - العَصافِيرُ - تُزَقْزِقُ - ما أَجْمَلَ - هذِه

____

6) أُرْبُطي بَيْنَ الكَلِمَةِ والصُّورَةِ المُناسِبَة:

Draw lines to match the sentences with the pictures:

غابَة			فِراخ
حَمامَة			عُشّ
قِرد			مِنقار

Test 1 الإختـبار الأول

أَجِبْ عَنِ الأَسْئِلَة. صَحِّح الأَجْوِبَة وَضَع الدَّرَجَة الـمُناسِبَة.

Answer the questions. Mark your answers and fill in your score.

- *Sentences for listening questions 2, 3 and 4 are on the CD; alternatively, the teacher chooses the sentences and says them out aloud for each part of the questions.*

1

(أ) إِقْرَئي كُلاًّ من النُّصُوصِ التّالِيَةِ بِصَوتٍ عالٍ (درجة واحدة)

(ب) أَجيبي عَن الأَسْئِلَةِ شَفَهِيّاً (درجتان):

(a) Read the following text out loud (1 mark)

(b) Answer the questions orally (2 marks):

1

إِسْمِي فائِز. أَنا فِي الصَّفِّ الثّالِث. أَذْهَبُ الْيَوْمَ مَعَ أُمّي إِلى السُّوقِ لِأَشْتَري لَوازِمَ الـمَدْرَسَةِ:

سُتْرَة، سِروال، قَميص، حِذاء، حِذاءُ رِياضَة، جَوارِب، حَقيبَة.

1. إِلى أَيْن (where) يَذْهَبُ فائِز؟

2. ماذا (what) يشتري فائِز مِنَ السُّوق؟

/ 3

2

بَيْتي بَعيدٌ عَن الْمَدْرَسَةِ، أَذْهَبُ كُلَّ يَوْمٍ إِلى الْمَدْرَسَةِ بِالباصِ. صَديقَتي لينَة تَمْشي إلى المَدْرَسَةِ كُلَّ يَوْمٍ.

1. كَيْفَ (how) تَذْهَبُ سَناءُ إلى المَدْرَسَةِ؟
2. كَيْفَ (how) تَذْهَبُ لينَة إلى المَدْرَسَةِ؟

/ 3

3

تُوجَدُ في الْمَدْرَسَةِ ساحَتانِ كَبيرَتانِ، الأُولى أَمامَ الْمَدْرَسَةِ فيها ثَلاثَةُ مَلاعِبَ لِلرِّياضَةِ. ومَوْقِفٌ واحِدٌ لِلسَّيّاراتِ.

1. كَمْ (how many) ساحَة تُوجَدُ في المَدْرَسَةِ؟
2. ماذا يُوجَدُ في السَّاحَةِ الأولى؟

/ 3

4

سَميرَة :أَنا مِنْ سُورِيَه. أَنا تِلْميذَةٌ في الصَّفِّ السّابِع. هِوايَتي قِراءَةُ القِصَصِ.

خالِد : أَنا مِنَ الأُرْدُنّ. هِوايَتي لُعْبَةُ كُرَةِ القَدَم.

1. مِنْ أَيْنَ (where) سَميرَة وما هِوايَتها؟
2. ماذا يُحِبُّ خالِد؟

/ 3

5

أَذْهَبُ مَعَ أُخْتِي الكَبِيرَةِ كُلَّ يومِ أَحَدٍ إِلى السُّوقِ لِشراءِ لَوازِمِ البَيتِ. نَذهَبُ إِلى قِسْمِ اللُّحومِ ونشتَري اللَّحْمَ والدَّجاجَ.

1. إِلى أينْ (where) تَذْهَبُ البِنْتُ كُلَّ يَوْمِ أَحَدٍ؟

2. ماذا تَشْتَري البِنْتُ مِنَ السُّوقِ؟

/ 3

6

هذهِ الْحَمامَةُ تَحْمِلُ الْحَبَّةَ بِمِنْقارِها لِتُطْعِمَ فِراخَها.
هذا الدِّيكُ، يَبْحَثُ فِي الأَرضِ عَن دُودَةٍ لِيَأْكُلَها.

1. لِماذا تَحْمِلُ الحَمامَةُ الحَبَّةَ بِمِنْقارِها؟

2. عَنْ ماذا (about what) يَبْحَثُ الدِّيكُ فِي الأَرضِ؟

/ 3

2 ضَعْ عَلامَةَ X تَحْتَ الصُّورَةِ التي تَسْمَعُ اِسْمَهَا:

Put X under the picture that you hear:

1

☐

☐

2

☐

☐

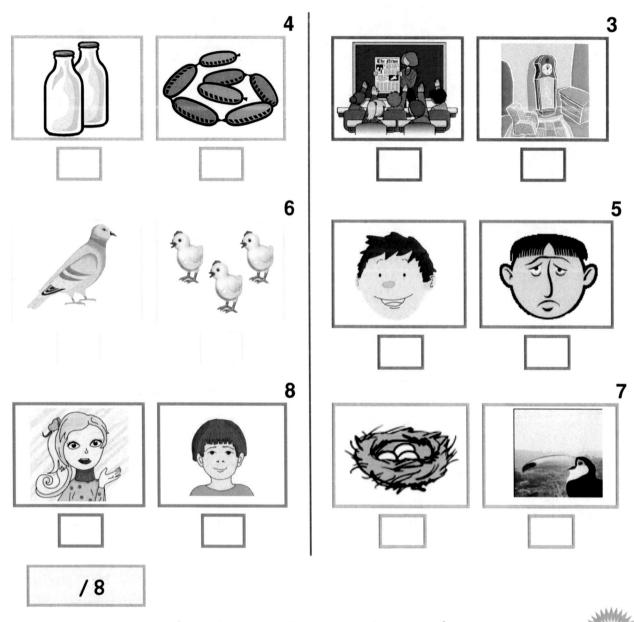

3

4

5

6

7

8

/ 8

3 ضَعْ عَلامَةَ ✕ تَحْتَ الصُّورَةِ التي تُناسِبُ الجُمْلَةَ التي تَسْمَعُها:

Put ✕ under the picture which indicates the sentence that you hear:

1

2

3

5

6

/ 6

4 ضَعِي دائِرَةً حَوْلَ الصُّورَةِ التي تُناسِبُ الْـجُمْلَةَ التي تَسْمَعِينَها:

Circle the picture which indicates the sentence that you hear:

1

2

/ 2

5 أُكْتُبْ ة - ـة فِي الفَراغِ المُناسِب (إتبع المِثال):

Write ة or ـة in the suitable place (follow the example):

سميرَ.ة... ، ساحَـ........ ، شَجَرَ........ ، جَرِيدَ........

/ 3

6 أَكْمِلْ الكَلِمَةَ بالحَرفِ النّاقِص، ثُمَّ اكْتُبْها فِي الفَراغِ المُناسِب:

Complete the words by writing the suitable letters, and write them in the spaces (one has been done for you):

1. أَنا إِسْمِي ...ياسِر... مِنَ العِراق.
2. الدِّيكُ يَبْحَثُ عَن .... لِيَأكلها.
3. بَيْتِي .... عَن المَدْرَسَةِ.
4. فِي المَدْرَسَةِ .... حاسُوبٍ.
5. يَذْهَبُ .... مَعَ أُمِّهِ إلى السُّوقِ.

ر	سِ	ا	ي
ة		و	دُ
	ي	ع	بَ
ـةُ		رْ	غُ
	ئـِ	ا	ف

أُكْتُبِي رَقمَ الجُملَةِ الّتي تُمثِّلُ الصُّورَةَ فِي المُرَبَّع:

Write the number of the sentence that matches the picture:

/ 8

7 أُكتُبُ الكَلِمَةَ المُناسِبَةَ في الفَراغِ:

Write the suitable word in the space:

و - مَعِي - مَعَ

1. أذْهَبُ .... أُخْتِي الكَبيرةِ إِلى السُّوقِ لِشراءِ لَوازِمِ البَيتِ.

2. جارَتي .... صَديقَتي لِينَةُ .... فَي الْمَدْرَسَةِ، تَمْشي لِينَةُ إِلى المَدْرَسَةِ كُلَّ يَوْمٍ.

3. الطّابِقُ الأوَّلُ فيهِ صُفوفٌ .... غُرْفَتانِ لِلْحاسُوبِ، .... قاعَةٌ كَبيرَةٌ لِلإحْتِفالِ.

/ 5

8 أُكْتُبي الفِعْلَ المُناسِبَ فِي الفَراغِ لِتُكْمِلي الْجُمْلَةَ، ثُمَّ أُكْتُبي رَقْمَها داخِلَ الصُّورةِ المُناسِبَةِ (إتّبِعي المِثالَ):

Choose the suitable verb to complete the sentence, and match it with the picture (follow the example):

يُنَظِّفُ - يُوجَدُ - ~~يَحْمِلُ~~

1. ~~يَحْمِلُ~~ يَحْمِلُ الوَلَدُ الكِتابَ.   2. .... الرَّجُلُ الأرْضَ.

3. .... فِي غُرْفَتِي حاسُوبٌ.

/ 4

9 رَتِّبي الكَلِماتِ التّالِيَةَ لِتُكَوِّني جُمْلَةً:

Arrange each set of the following words to make a sentence:

لِنَشْتَري ، الصَّغير ، الحَلِيب ، نَذْهَب ، لِأَخي

عُشَّهُ! ، يَبْنِي ، يا ثامِر ، هذا ، العُصْفور ، أُنْظُر

/ 4

10 أُكْتُبْ الإسْمَ المُفْرَدَ أو المُثَنّى أو الْجَمْعَ حَسبَ الصُّورَة:

Write either the singular, dual or plural word according to the picture:

..........كُتُب..........

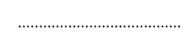

....

....

....

/ 3

11 أُكْتُبْ **هذا** أو **هذِه** بِما يُناسِبُ مُسْتَعِيناً بالصُّورَة:

Write **هذا** or **هذِه** in the correct spaces:

1. .... دِيكٌ.

2. .... باقَةُ وَرْدٍ جَمِيلَةٌ.

3. .... وَلَدٌ حَزِينٌ.

4. .... جَدَّتِي.

/4

12 أُرْبُطِي بَيْنَ الكَلِمَةِ وَضِدِّها:

Draw an arrow to join the opposite words:

كَبِير	أَوَّلاً	خَلْف	فَوْق	عَرِيض
ضَيِّق	صَغِير	تَحْتَ	أَمام	أَخِيراً

/5

13 أُكْتُبْ الـمُؤَنَّثَ فـي بَيْتِهِ الأَحْـمَر واكْتُبْ الـمُذَكَّـرَ فِي بَيْتِهِ الأَخْـضَر:

Write the feminine words in the red house and the masculine words in the green house:

1. خالِد
2. بُرتُقالة
3. مَكْتَب
4. تِمْساح
5. سَناء
6. دُودَة

/ 6

14 إرسِمي خَطّاً تَحْتَ المؤَنَّثِ وخَطَّين تَحْتَ المُذَكَّرِ:

Draw one line under the feminine and two lines under the masculine:

1. نَجَحَت التِّلْميذَةُ .
2. يَكْتُبُ الوَلَدُ بِالقَلَمِ.
3. الفِيلُ كَبيرٌ.
4. ضَحِكَت البِنْتُ.
5. تَأْكُلُ لينةُ التُفّاحَةَ.

/ 4

Total: / 80

الوحدة الثالثة

Unit 3

7 عُطْلَةُ نِهايَةِ الأُسْبوعِ

القِراءة Reading

يَقْضي أَكْثَرُ النّاسِ عُطْلَةَ نِهايَةِ الأُسْبوعِ خارِجَ البَيْتِ.

تَذْهَبُ زَيْنَبُ مَعَ عائِلَتِها إِلى الْحَديقَةِ،

وَيَأْخُذونَ مَعَهُم الطَّعامَ والشَّرابَ وَاللُّعَبَ.

تَلْعَبُ زَيْنَبُ الكُرَةَ الطّائِرَةَ مَعَ والِدِها.

تَتَمَشّى أُمُّ زَيْنَب بَيْنَ الاَشْجارِ، وَتُشاهِدُ الطُّيورَ وَتُحِبُّ التَّصْويرَ.

يَذْهَبُ زَيْدٌ مَعَ أَصْدِقائِهِ إِلى شاطِىءِ البَحْرِ وَيُمارِسُونَ السِّباحَةَ وَأَنْواعَ الرِّياضَةِ الأُخْرى ويصْطادُونَ السَّمَكَ.

التَّعبِيرُ الشَّفَهِي Oral expression

صورة رقم ٢

صورة رقم ١

Answer the questions orally:

أَجِبْ عَلى الأَسئِلَةِ شَفَهِّياً:

ماذا (what) أُشاهِدُ فِي الصُّورةِ رقم ١؟

أَيْنَ (where) زَيْنَبُ وَعائِلَتُها؟

مَن (who) أُشاهِدُ فِي الصُّورَةِ رَقم ٢؟

ومـاذا (what) تَفْعَلُ أُمُّ زَيْنَب؟

مُفرداتٌ أُحِبُّ أَنْ أَتَعَلَّمَها Vocabulary

يَقْضِي : he/they spend (فعل verb)

أَكْثَرُ النّاس : most people

عُطْلَة نِهايَةِ الأُسْبُوع : weekend

خارِج : out

يَأْخُذُون : they take (فعل verb)

مَعَهُم = مَعَ + هُم : with them

اللُّعَب : the games

تَلْعَب : she plays (فعل verb)

والِدِها : her dad

تَتَمَشّى : she walks (فعل verb) ، بَيْنَ : between

تُشاهِدُ : she watches (فعل verb)

تُحِبُّ : she loves (فعل verb)

التَّصْوِير : photography

أَصْدِقائِـهِ : his friends

وَيُـمارِسُون : they play (فعل verb)

وَأَنْواع : types ، الرِّياضَةِ الأُخْرى : other sports

يَصطادون : they catch (فعل verb)

أُنْظُر وَاقْرَأ Look and read

الطَّعام

الشَّراب

الكُرَةُ الطّائِرَة

الطُّيُور

شاطِىء البَحْر

السِّباحَة

يَصْطادُونَ

السَّمَك

الإملاء Spelling

تَذهَبُ زَينَبُ مَعَ عائِلَتِها إِلى الـحَدِيقَةِ.

تَلْعَبُ زينَبُ الكُرَةَ الطّائِرَةَ مَعَ والِدِها.

تَتَمَشّى أُمُّ زَينَب بَيْنَ الأَشْجارِ، وَتُشاهِدُ الطُّيورَ.

يَذْهَبُ زَيدٌ مَعَ أَصْدِقائِهِ إِلى شاطِئِ البَحْرِ.

إِقْرَأْ وَاكْتُبْ Read and write

تَذْهَبُ زَيْنَبُ مَعَ عائِلَتِها إِلى الْـحَدِيقَةِ،

وَيَأْخُذُونَ مَعَهُم الطَّعامَ والشَّرابَ وَاللُّعَبَ .

Exercises   التمارين

Listening exercises   تــمارين استِماع

1) اسْتَمِعْ إلى القُرْصِ الـمُدْمَجِ واكْتُب رَقْمَ الْجَوابِ الصَّحِيحِ فِي الـمُرَبَّع:
Listen to the CD and choose the right answer, and then write its number in the box:

1. تَذْهَبُ زَيْنَبُ مَعَ عائِلَتِها إلى ☐ .

2. تَتَمَشّى ☐ بَيْنَ الأَشْجار.

3. يَذْهَبُ زَيْدٌ مَعَ أَصْدِقائِهِ إلى ☐ .

4. تَلْعَبُ زَيْنَبُ ☐ مَعَ والِدِها.

2) إرسِمْ دائِرَةً حَوْلَ الصُّورَةِ الّتي تسْمَعُ إِسْمَها:
Draw a circle around the picture that you hear:

يذكُرُ الـمُعَلِّمُ اِسْمَ صُورَةٍ واحدةٍ من كل زوجٍ، أو يَستَخدِمُ خياراتِ القُرصِ الـمُدمَج.

The teacher chooses the name of one picture from each pair, or use the choices on the CD.

 **2**   **1**

  **4**  **3**

تَـمارِين كِتابة   Writing exercises

3) أِقْرَأ الدَّرْس وضَعْ ✓ أو X بِـما يُناسِـب ثُمَّ صَحِّح الـخَطَأ:

Read the lesson and put ✓ or X next to the suitable sentence, then correct the false sentence:

1. تَلْعَبُ زَيْنَبُ الكُرَةَ الطّائِرَةَ مَعَ أُمِّها. ☐

الصَّحِيح ⟵ ....

2. يَذْهَبُ زَيْدٌ مَعَ أَصْدِقائِهِ إِلى شاطِىء البَحْر. ☐

الصَّحِيح ⟵ ....

3. تُشاهِدُ أُمُّ زَيْنَب البَحْرَ وتُحِبُّ السِّباحَة. ☐

الصَّحِيح ⟵ ....

4. يَقْضِي أَكْثَرُ النّاسِ عُطْلَةَ نِهايَةِ الأُسْبوعِ داخِلَ البَيْتِ. ☐

الصَّحِيح ⟵ ....

4) اِقْرَئي الْجُمَلَ وَانْظُرِي إلى الصُّوَرِ، ثُمَّ اكْتُبي العِبارَةَ الـمُناسِبَةَ تَحْتَ الصُّوَرِ:

Read the sentences and look at the pictures then rewrite the sentences under the suitable picture:

أَذْهَبُ إلى شاطِئِ البَحْرِ.

أُحِبُّ التَّصْويرَ.

أَلْعَبُ الكُرَةَ الطّائِرَةَ.

أَقْضي عُطْلَةَ نِهايَةِ الأُسْبوعِ خارِجَ البَيْتِ.

--------------------------------- --------------------------------

--------------------------------- --------------------------------

5) أُرْبُط الفِعْلَ في العَمُودِ الأَيْمَنِ بالعِبارَةِ المُناسِبَةِ في العَمُودِ الأَيْسَرِ لِتُكَوِّنَ جُمْلَةً - أُكْتُب الْجُمْلَةَ في الفراغ:

Connect the verb on the right to the suitable words on the left to form a sentence; write the sentence in the opposite space:

تَتَمَشّى	الوَلَدُ إلى البَحْرِ.	....
تَلْعَبُ	الأُمُّ الطُّيُورَ.	....
يَذْهَبُ	زَيْنَبُ الكُرَةَ الطّائِرَةَ.	....
يَصْطادُ	الأُمُّ بَيْنَ الأَشْجارِ.	....
تُشاهِدُ	زَيْدٌ السَّمَكَ.	....

6) أُنْظُري إلى الصُّورَةِ وَاكْتُبي الفِعْلَ المُناسِبَ فِي الفَراغِ:

Look at the picture and write the suitable verb in the space:

....

....

....

....

8 □باسِمٌ فِي القَرْيَةِ

القِراءة Reading

يَسْكُنُ جَدٌّ باسِم فِي القَرْيَةِ. القَرْيَةُ بَعِيدَةٌ عَن المَدينَةِ. زارَ

باسِمٌ جَدَّهُ في عُطْلَةِ نِهايَةِ الأُسْبوعِ. رَكِبَ باسِمٌ القِطارَ يومَ السَّبتِ، ووَصَلَ إِلى القَرْيَةِ يومَ الأَحَدِ.

بَقِيَ باسِمٌ ثَلاثةَ أيّامٍ فِي القَرْيَةِ، هِيَ أيّامُ الأَحَدِ والإِثْنَيْنِ والثُّلاثاءِ.

تَجَوَّلَ باسِمٌ فِي شَوارِعِ القَرْيَةِ، كانَت الطَّبِيعَةُ رائِعَةً، والهَواءُ نَقِيّاً، والمِياهُ

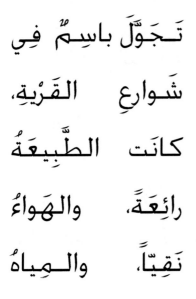

صافِيَةً، والعَصافِيرُ تُزَقْزِقُ فَوقَ الأشْجارِ.

تَبَسَّمَ باسِمٌ وقالَ : لَيْتَني أَعِيشُ فِي القَرْيَةِ مَعَ جَدّي.

فِي يَوْمِ الأربِعاءِ، عادَ باسِمٌ إلى المَدِينةِ.

التَّعبِيرُ الشَّفَهِي   Oral expression

صورة رقم ٢

صورة رقم ١

أَجِبْ على الأسئِلَةِ شَفَهِّياً:   Answer the questions orally:

مَن (who) أُشاهِدُ فِي الصُّورة رقم ١؟

إلى أَيْنَ (where) يَذْهَب باسِمٌ؟

أَيْنَ (where) يَتَجَوَّل باسِمٌ؟

صِف (describe) الطَّبِيعَةَ فِي الصُّورَة ٢؟

مُفرداتٌ أُحِبُّ أَنْ أَتَعَلَّمَها   Vocabulary

يَسْكُنُ : he lives

القَرْيَة : village

الـمَدِينَة : town

زارَ : he visited

رَكِبَ القِطار : he took the train

(فعل ماضٍ past tense)

وَصَلَ : he arrived

بَقِيَ : he stayed

أَيّام : days   .   السَّبْت : Saturday   .   الأَحَد : Sunday

الإِثْنَيْن : Monday   .   الثُّلاثاء : Tuesday   .   الأَرْبِعاء : Wednesday

الـخَمِيس : Thursday   .   الْجُمُعَة : Friday

تَجَوَّلَ : walked around   (فعل ماضٍ past tense)

الطَّبِيعَة : nature   .   رائِعَة : wonderful

الـهَواءُ نَقِيٌّ : fresh air   .   الـمياهُ صافِيَةٌ : pure water

تَبَسَّمَ : he smiled (فعل ماضٍ past tense)

لَيْتَني : I wish

عادَ : he came back (فعل ماضٍ past tense)

الأَضْداد   Opposites

ذَهَبَ   ≠   عادَ

أَتَعَلَّمُ أَنَّ
I learn that

زارَ ، رَكِبَ ، وَصَلَ ، بَقِيَ ،
تَجَوَّلَ ، تَبَسَّمَ ، عادَ

فعل ماضٍ past tense

The past tense verb is a word that refers to an action that happened in the past (before).

أُنْظُرْ وَاقْرَأْ   Look and read

الطَّبِيعَة	القِطار	الـمَدينَة	القَرْيَة

تَبَسَّمَ	تُزَقْزِقُ	الـمِياهُ صافِيَةٌ	الـهَواءُ نَقِيٌّ

الإملاء   Spelling

زارَ باسِمٌ جَدَّهُ فِي القَرْيَةِ. بَقِيَ باسِمٌ فِي القَرْيَةِ ثَلاثَةَ أَيَّامٍ.

تَجَوَّلَ باسِمٌ فِي شَوارِعِ القَرْيَةِ، كانَت الطَّبِيعَةُ رائِعَةً،

وَالـهَواءُ نَقِيّاً وَالـعَصافيرُ تُزَقْزِقُ.

Read and write إِقْرَأْ وَاكْتُبْ

تَجَوَّلَ باسِمٌ فِي شَوارِعِ القَرْيَةِ ، كانَت الطَّبِيعَةُ رائِعَةً ،
والهَواءُ نَقِيّاً ، والمِياهُ صافِيَةً .

Exercises التمارين

Listening exercise تمرين استِماع

1) ضَعِي عَلامَةَ X تَحْتَ الصُّورَةِ الّتي تَسْمَعِينَ اِسْمَها:

Put an X under the picture that you hear:

يذكُرُ الـمُعَلِّمُ اِسمَ صُورَةٍ واحدةٍ مِن كُلِّ زَوجٍ، أوْ يَستَخدِمُ خِياراتِ القُرصِ الـمُدمَجِ.

The teacher chooses the name of one picture from each pair, or use the choices on the CD.

2 | **1**

4 | **3**

تَـمارِين كِتابة   **Writing exercises**

---

2) اِقْرَأِ الْـجُمَلَ وَضَعْ ✓ أَمامَ الْـجُمْلَةِ الصَّحِيحَةِ:

Read the sentences and put a ✓ next to the right sentence:

1. يَسْكُنُ جَدُّ باسِمٍ فِي الـمَدِينَةِ. ☐

2. وَصَلَ باسِمٌ إِلى الْقَرْيَةِ يَومَ الأَحَدِ. ☐

3. نامَ باسِمٌ فِي شَوارِعِ الْقَرْيةِ. ☐

4. الْقَرْيَةُ قَرِيبَةٌ مِنَ الـمَدِينَةِ. ☐

3) صِفي كُلَّ صُورَةٍ في جُمْلَةٍ مُسْتَعِينَةً بِالكَلِماتِ:

Describe the picture by forming a sentence using the provided words:

القِطارَ - يومَ - باسِمٌ - رَكِبَ - السَّبتِ

....

والهَواءُ -كانَت- رائِعَةً - نَقِيّاً - الطَبيعَةُ

....

المَدينةِ - إلى- عادَ - في يَوْمِ - باسِمٌ -الأَربعاءِ

....

باسِمٌ - ثلاثةَ أيّامٍ - والإِثْنَيْنِ - هِيَ أيّامُ - في

بَقِيَ - الأَحَدِ - القَرْيَةِ - والثُّلاثاءِ

....

....

4) أُكْتُب الفِعْلَ الماضِي المُناسِبَ فِي الفَراغِ، ثُمَّ اكْتُبْ رَقْمَ الجُمْلَةِ فِي المَرَبَّعِ المُناسِبِ:

Write the suitable past tense in the space and write the number of the sentence in the suitable box:

1. .... البِنْتُ فِي الحَدِيقَةِ.
2. .... التَّلامِيذُ إلى المَدْرَسَةِ.
3. .... الوَلَدُ الباصَ.
4. .... العُصْفُورُ فِي القَفَصِ.

رَكِبَ . تَجَوَّلَت

بَقِيَ . وَصَلَ

5) أُرْبُطِي بَيْنَ اليَوْمِ والكَلِمَةِ المُقابِلَةِ:

Connect the day with the suitable word:

Sunday	الثُّلاثاء	Saturday	الأَرْبِعاء
Monday	الأَحَد	Friday	الجُمُعَة
Tuesday	الإثْنَيْن	Wednesday	السَّبْت

9 الفَأْرَةُ الصَّغِيرَةُ والأَسَد (1)

القِراءة Reading

كانَت الفَأرَةُ الصَّغيرَةُ تَعِيشُ فِي الغابَةِ، وَفِي أَحَدِ الأَيّامِ قالتْ: الْجَوُّ جَمِيلٌ، وَالشَّمْسُ طالِعَةٌ، سَأَلْعَبُ طُولَ اليَوْمِ.

خَرَجَت الفَأرَةُ مِن مَكانِها، وَبَدَأَت تَقْفِزُ وَتَلْعَبُ مَسْرُورَةً.

مَرَّت الفَأرَةُ على الأَسَدِ وَهُوَ نائِمٌ، فَرَأَت فَراشَةً واقِفَةً على وَجْهِ الأَسَدِ.

قَفَزَت الفَأرَةُ تُلاعِبُ الفَراشَةَ، وطارت الفَراشَةُ، وَاسْتَيْقَظَ الأَسَدُ غَضْبانَ، وزَأَرَ زَئِيراً مُخِيفاً، خافَت الفَأْرَةُ وارْتَجَفَتْ.

نَظَرَ الأَسَدُ إلى الفَأرَةِ وَصاحَ: كَيْفَ تَقْفِزِينَ على وَجْهِي وَأَنا نائِمٌ؟! سَوْفَ أَقْتُلُكِ.

بَكَت الفَأْرَةُ، وقالتْ: سامِحْنِي يا مَلكَ الغابَةِ.

قالَ الأسدُ: لا ... لا أُسامِحُكِ .. سَأَقْتُلُكِ!

التَّعبِيرُ الشَّفَهِي Oral expression

أَجِبْ على الأسئلَةِ شَفَهِّياً: Answer the questions orally:

أَيْنَ (where) كانَت الفَراشَةُ واقِفَةً؟

ماذا (what) فَعَلت الفَأرَةُ؟

لِماذا (why) كانَت الفَأْرَةُ خائِفَةً؟

مُفرَدات أُحِبُّ أَنْ أَتَعَلَّمَها Vocabulary

وَفِي أَحَدِ الأَيَّام : one day ، الْجَوُّ جَمِيلٌ : the weather is/was beautiful

الشَّمْسُ طالِعَةٌ : the sun is/was rising

سَأَلْعَبُ : I will play   (present tense فعل مضارع)

طُولَ اليَوْمِ : the whole day

خَرَجَت : she went out   .   مِن مَكانِها : from its place

بَدَأَت : she started

تَلْعَبُ : she plays
تَقْفِزُ : she jumps   (present tense فعل مضارع)

مَرَّت : she passed by   .   نائِمٌ : asleep

فَرَأَت : (so) she saw   .   واقِفَة : she is standing

قَفَزَت : she jumped

تُلاعِبُ : she plays with (someone)   (فعل مضارع present tense)

طارَت : she flew   .   إسْتَيْقَظَ : he woke up

زَأَرَ : he roared   .   زَئيراً : roar

مُخِيفاً : scary   .   خافَت : she became scared

إرْتَجَفَت : she was trembling   .   نَظَرَ : he looked at

صاحَ : he shouted   .   كَيْفَ : how   .   سَوُفَ : will

أَقْتُلُكِ I kill you (fem.) (present tense فعل مضارع)

بَكَتِ : she cried ، سامِحْنِي : forgive me

مَلِكِ الغابَة : the king of the forest

الأَضْداد Opposites

صَغِيرَة (fem.) ≠ كَبِيرَة (fem.)

مَسْرُورَة (fem.) ≠ حَزِينَة (fem.)

أَتَعَلَّمُ أَنَّ
I learn that

أَلْعَبُ ، تَلْعَبُ ، تَقْفِزُ
تُلاعِبُ ، أَقْتُلُ

present tense فعل مضارع

The present tense verb is a word that refers to an action that is happening now.

أُنْظُر وَاقْرَأ   Look and read

الشَّمْسُ طالِعَةٌ

الـجَوُّ جَميلٌ

الغابَة

فَأْرَة

غَضْبان

إِسْتَيْقَظَ

نائِم

فَراشَةٌ

الإملاء   Spelling

قَفَزَت الفَأْرَةُ تُلاعِبُ الفَراشَةَ، طارَت الفَراشَةُ، وَاسْتَيْقَظَ الأَسَدُ غَضْبان، وَزَأَرَ زَئيراً مُخيفاً وَصاحَ: كَيْفَ تَقْفِزينَ على وَجْهي وَأَنا نائِمٌ؟! سَوفَ أَقْتُلُكِ.

إقْرأْ واكْتُبْ Read and write

فِي أَحَدِ الأيّامِ خَرَجَت الفَأرَةُ مِن مَكانِها ، وَبَدَأَت تَقْفِزُ وَتَلْعَبُ مَسْرُورَةً .

التمارين Exercises

تـمرين استِماع Listening exercise

1) إقْرَئي الـجُمَلَ التّالِيَة واسْتَمِعي إلى القُرْصِ الـمُدْمَجِ واخْتاري الْـجَوابَ الصَّحِيحَ، وَاكتُبِي رَقْمَهُ فِي الـمُرَبَّع:

Listen to the CD and choose the right answer, and then write its number in the box:

1. كانت [ ] الصَّغيرَةُ تَعيشُ فِي الغابَةِ.

2. مَرَّت الفَأْرَةُ على الأَسَدِ وَهُوَ [ ] .

3. إسْتَيْقَظَ الأَسَدُ [ ] .

4. بَكَت الفَأْرَةُ، وقالتْ: سامِحْنِي يا [ ] الغابة.

5. قالَ الأسدُ: [ ] أُسامِحَكِ . . سَأَقْتُلُكِ.

تَمارين كِتابة Writing exercises

2) إقْرَأ كُلاًّ من الْجُمْلَتَين، واخْتَر الجَوابَ المُناسِبَ واكتُبهِ فِي الفَراغ:

Read each of the two sentences, and then choose the right answer and write it in the space:

1. كانَ .... جَميلاً و .... طالِعَةً. (الجَوُّ - الشَّمْسُ)

2. خَرَجَت الفَأرَةُ مِن مَكانِها، وَبَدأَت تَقْفِزُ وَتَلْعَبُ ....

(حَزِينَةً - مَسْرُورَةً)

3) أَمْلأ الفَراغاتِ مُسْتَعِيناً بالشَّكْلِ:

Fill in the spaces by using the pictures:

صَغِيرٌ	1. هذا فِيلٌ ....
نائِمٌ	2. هذا عُصْفُورٌ ....
كَبيرٌ	3. .... الفَأْرَةُ تُلاعِبُ الفَراشَةَ.
قَفَزَت	4. هذا الأَسَدُ ....

4) رَتِّبي الكَلِمات لِتُكَوِّنَ جُمْلَةً مُفِيدَةً واحِدَةً:

Rearrange the words to form one complete sentence:

طارت - وَاسْتَيْقَظَ - وارْتَجَفَتْ - مُخِيفاً - الفَراشَةُ -

خافَت الفَأْرَةُ - وَزَأَرَ زَئِيراً - الأَسَدُ غَضبانَ

....

....

10 الفَأْرَةُ الصَّغِيرَةُ والأَسَد (2)

القِراءة Reading

فِي أَحَدِ الأَيّامِ، وَقَعَ الأَسَدُ في شَبَكَةِ صَيَّادٍ، وَحاوَلَ أَنْ يَخْرُجَ مِنها، وَحاوَلَ، وَلكنَّهُ لَمْ يَقْدِرْ. زَأَرَ الأَسَدُ بِصوتٍ عالٍ، وصاحَ: النَّجدة، النَّجدَةَ... ساعِدوني، ساعِدوني...

سَمِعَ الفِيلُ زَئيرَ الأَسَدِ، فَذَهَبَ إِلَيْهِ، وَحاوَلَ أَنْ يُقَطِّعَ الشَّبَكَةَ، فَلَمْ يَقْدِرْ.

سَمِعَت الفَأرَةُ زَئيرَ الأَسَدِ، فَذَهَبَت إليهِ، وَرَأَتْهُ في الشَّبَكَةِ، فَقالَتْ لَهُ: لا تَخَفْ، سَأُخَلِّصُكَ مِنْ هذِهِ الشَّبَكَةِ.

قَرَضَت الفَأرَةُ حِبالَ الشَّبَكَةِ بِأَسْنانِها فَقَطَّعَتْها. فَرِحَ الأَسَدُ، وَخَرَجَ مِنَ الشَّبَكَةِ، وَنَظَرَ إِلى الفَأرَةِ وَقالَ لَها: شُكْراً لَكِ، شُكْراً لَكِ . أَنتِ خَلَّصْتِني مِنَ المَوْتِ.

التَّعْبيرُ الشَّفَهِي Oral expression

أَجِبْ على الأسئلَةِ شَفَهِيّاً: Answer the questions orally:

أَيْنَ (where) وَقَعَ الأَسَد؟

مَن (who) حاوَلَ أن يُساعِدَ الأَسَد؟ وَهَل (did) نَجَح؟

مَن (who) خَلَّصَ الأَسَد وَكَيْفَ (how)؟

مُفرَداتٌ أُحِبُّ أَنْ أَتَعَلَّمَها Vocabulary

وَقَعَ : he fell ، حاوَلَ : he tried

يَخْرُج مِنها : he comes out from it

لكنّه : but ، يَقْدِر : he can

بِصَوْتٍ عالٍ : loudly ، النَّجْدَة : help

ساعِدُوني : help me ، سَمِعَ : he heard

يُقَطِّع : he cuts ، لا تَخَف : do not be afraid

سَأُخَلِّصُك : I will rescue you

قَرَضَت : she nibbled ، أَنْتِ : (fem.) you

خَلَّصْتِنِي : rescued me ، الـمَوْت : death

Remember ⇨ **Plural** { أَسْنان / حِبال

أُنْظُر وَاقْرَأ Look and read

شَبَكَة	**صَيّاد**	**حِبال**	**أَسْنان**

الإملاء Spelling

وَقَعَ الأَسَدُ فِي شَبَكَةِ صَيّادٍ. حاوَلَ الفِيلُ أَن يُقَطِّعَ الشَّبَكَةَ، فَلَم يَقْدِرْ.

قَرَضَت الفَأرَةُ حِبالَ الشَّبَكَةِ بِأَسْنانِها. وَخَرَجَ الأَسَدُ وَقالَ لِلفَأرَةِ: شُكراً لَكِ.

إِقْرَأْ وَاكْتُبْ Read and write

سَمِعَت الفَأرَةُ زَئيرَ الأَسَدِ ، فَذَهَبَت إليهِ ،

فَقالَتْ لَهُ : لا تَخَفْ ، سَأُخَلِّصُكَ مِنْ هذِهِ الشَّبَكَةِ .

التمارين Exercises

تمارين استِماع Listening exercises

1) إِسْتَمِعي إلى الْجُملَةِ، ثُمَّ ضَعي دائِرَةً حَولَ الصُّورَةِ الصَّحيحَة:

Listen to the question then draw a circle around the correct picture:

1

2

3

4

5

6

2) إرسِمْ دائِرَةً حَولَ الصُّورَةِ الّتي تسْمَعُ إِسْمَها:

Draw a circle around the picture that you hear:

يذكُرُ الـمُعلِّمُ اسْمَ صُورةٍ واحدةٍ من كل زوجٍ، أو يَستَخدِمُ خَيارات القُرص الـمُدمَج.

The teacher chooses the name of one picture from each pair, or use the choices on the CD.

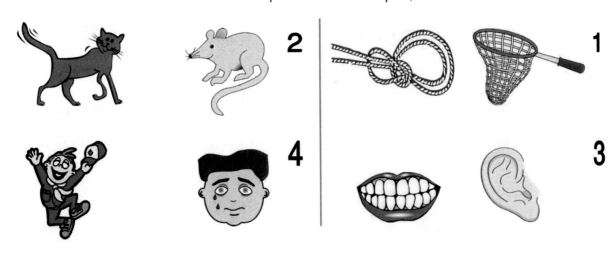

2   1

4   3

تَـمارين كِتابة   Writing exercises

3) رَتِّبي الـحُروفَ لِتَحْصُلي على كَلِماتٍ:

Rearrange the letters to make words:

.... =	عِ – و – ا – س – دُ – ي – نِ

.... =	ت – قَ – عَ – طَّ

4) أَكمِل الـجُمَلَ بكتابَةِ الأفعالِ الـمُناسِبَةِ:

Complete the sentences by writing the suitable verbs:

1. .... الـفيلُ زَئيرَ الأَسَدِ. (سَمِعَ – ذَهَبَ)

2. .... الـفَأرَةُ حِبالَ الشَّبَكَةِ بِأَسْنانِها. (قَرَضَت – شَكَرَت)

3. .... الأَسَدُ: النَّجدة النَّجدَة. (رَأى – صاحَ)

4. قالَت الـفَأرَةُ لِلأَسَد: لا .... (تَرْكُض – تَخَف)

5. .... الأَسَدُ مِنَ الشَّبَكَةِ، وَ .... إِلى الـفَأرة وَقالَ لَها: شُكْراً لَكِ. (نَظَرَ – خَرَجَ)

6. حاوَلَ الـفِيلُ أَنْ يُقَطِّعَ الشَّبَكَةَ، فَلَمْ .... (يَقْدِر – يَسْمَع)

5) أُكْتُبِي تَحْتَ كُلِّ رَسْمٍ الفِعْلَ المُضارِعَ المُناسِبَ:

Write the suitable present verb under the picture:

يُقَطِّع ، يَنام ، يَخْرُج

------------   ------------   ------------

6) أَرْبُطْ بين الكَلِماتِ لِتَحصُلَ على جُمَلٍ صَحِيحَة:

Join the correct words to make sentences:

الـحَبْلَ ★	★	يَصِيحُ
زَئِيرَ الأَسَدِ ★	★	يَنْظُرُ
إلى الفَأْرَةِ ★	★	يَقْرِضُ
بِصَوْتٍ عالٍ ★	★	يَقَعُ
فِي الشَّبَكَةِ ★	★	يَسْمَعُ

الوحدة الرابعة

Unit 4

11 أَصْدِقاءُ الطَّبيعَةِ

القِراءة Reading

ذَهَبَ سَعِيدٌ إلى حَدِيقَةٍ جَمِيلَةٍ، وَبَيْنَما هُوَ يَتَجَوَّلُ، رأى أَوْلاداً يَلْعَبُونَ بِالْكُرَةِ وَيَرْمُونَها فَوْقَ الوُرُودِ والأَزْهار.

تَوَقَّفَ سَعِيدٌ وَقالَ لِلأَوْلادِ غاضِباً: تَوَقَّفُوا تَوَقَّفُوا ... لا تَرْمُوا الكُرَةَ على الوُرُودِ، ولا تَلْعَبُوا قُرْبَ الوُرُودِ وَالأَزْهارِ، لِأَنَّ الأَزْهارَ والوُرُودَ سَوْفَ تَمُوتُ، وَيُصبِحُ مَنْظَرُ الْحَدِيقَةِ لَيْسَ جَمِيلاً... يَجِبُ أَنْ تُحافِظُوا على جَمالِ الطَّبِيعَةِ.

قالَ أَحَدُ الأَوْلادِ: نَحْنُ نَلْعَبُ بِالْكُرَةِ فِي هذِهِ الْحَدِيقَةِ كُلَّ يَوْمٍ.

قالَ سَعِيدٌ: إِذْهَبُوا وَالْعَبُوا بَعِيداً عَنْ هذِهِ الْحَدِيقَةِ وَلا تَقْتَرِبُوا مِنَ الْوُرُودِ وَالأزهارِ لأنَّها سَبَبُ جَمالِ الطَّبِيعَةِ.

أَجابَ الوَلَدُ: نَحْنُ نَعْتَذِرُ إِلَيكَ وَلِلطَّبِيعَةِ، وَسَوْفَ لَنْ نَفْعَلَ ذلِكَ أَبَداً.

قالَ سَعِيدُ: أَحْسَنْتُمْ، وَبارَكَ اللهُ فِيكُم يا أَوْلاد، مِنَ الْيَومِ أَصْبَحْتُم مِنْ أَصْدِقاءِ الطَّبِيعَةِ.

التَّعبِيرُ الشَّفَهِي Oral expression

أَجِبْ على الأَسئِلَةِ شَفَهِّياً: Answer the questions orally:

إِلى مَنْ (to whom) يَتَحَدَّثُ سَعِيد؟

ماذا (what) قالَ سَعيد لِلأَولاد؟

هَلْ (did) سَمِعَ الأَولادُ كَلامَ سَعِيد؟

مُفرَداتٌ أُحِبُّ أَنْ أَتَعَلَّمَها Vocabulary

بَيْنَما : while ، يَرْمُونَها : they throw it

تَوَقَّفَ : he stopped

تَوَقَّفُوا : (you) stop (plural) (فعل أمر imperative tense)

قُرْبَ : at ، سَوْفَ تَمُوت : will die

مَنْظَرٌ : view ، لَيسَ جَميلاً : not pretty

يَجِب : have to ، تُحافِظُوا : care about

جَمالِ : beauty ، أَحَدُ الأَوْلادِ : one of the children

إِذْهَبُوا : (you) go (plural) (فعل أمر imperative tense)

إِلْعَبُوا : (you) play (plural) (فعل أمر imperative tense)

لا تَقْتَرِبُوا : do not come near ، أَجابَ : he answered

نَعْتَذِرُ : we apologize ، لَن نَفْعَل : we will not do

أَبَداً : at all ، أَحْسَنْتُم : well done

بارَكَ اللّهُ فِيكُم : God bless you ، أَصْبَحْتُم : you have become

أَصْدِقاء الطَّبِيعَة : friends of nature

أَتَعَلَّمُ أَنَّ
I learn that

تَوَقَّفُوا ، إذهَبُوا ، إِلْعَبُوا   فعل أمر imperative tense

> The imperative tense verb is a word that refers to ordering or making request.

أُنْظُرْ وَاقْرَأْ   Look and read

نَعْتَذِر	غاضِب	أَوْلاد	حَدِيقَة

الإملاء Spelling

قالَ سَعِيدٌ: إذهَبوا وَالعَبُوا بَعِيداً عَن هذِهِ الـحَدِيقَةِ ولا تَقْتَرِبُوا مِنَ الوُرُودِ وَالأَزهارِ لِأَنّها سَبَبُ جَمالِ الطَّبِيعَةِ. سَمِعَ الأَولادُ كَلامَ سَعِيدٍ.

إِقْرَأْ وَاكْتُبْ Read and write

تَوَقَّفَ سَعِيدٌ وَقالَ لِلأَوْلادِ غاضِباً: تَوَقَّفُوا. إِذْهَبُوا وَالْعَبُوا بَعِيداً عَنْ هذِهِ الْـحَدِيقَةِ وَلا تَقْتَرِبُوا من الوُرودِ والأزهارِ.

Exercises التمارين

Listening exercise تمرين استماع

1) ضَعِي عَلامَةَ ✕ تَحْتَ الصُّورَةِ الّتي تُناسِبُ ما تَسْمَعِينَهُ:

Put ✕ under the suitable picture that matches what you hear:

1

☐

☐

2

☐

☐

3

☐

☐

4

☐

☐

5

☐

☐

6

☐

☐

تَـمارِين كِتابة — Writing exercises

2) إِقْرَأ الدَّرْسَ وضَعْ ✓ أو ✗ بِـما يُناسِب ثُمَّ صَحِّح الـخَطَأ:

Read the lesson and put ✓ or ✗ next to the suitable sentence, then correct the false sentence:

1. ذَهَبَ سَعِيدٌ إِلى حَدِيقَةٍ جَمِيلَةٍ. ☐

الصَّحِيح ← ....

2. كانَ الأَوْلادُ يَلعَبونَ بالكُرَةِ بَعيداً عَنِ الوُرُودِ والأَزْهارِ. ☐

الصَّحِيح ← ....

3. طَلَبَ سَعِيدٌ مِنَ الأولادِ أن لا يَرْمُوا الكُرَةَ عَلى الوُرُودِ. ☐

الصَّحِيح ← ....

4. أَصْبَحَ الأَوْلادُ مِن أَصْدِقاءِ الطَّبِيعَةِ. ☐

الصَّحِيح ← ....

3) إقْرَأ السُّؤالَ ثُمَّ اخْتَر الْـجَوابَ الصَّحِيحَ وَاكْـتُبْهُ فِي الفَراغ:

Read the question, choose the suitable answer and write it in the space:

1. لِـماذا كانَ سَعِيدٌ غَضْبانَ؟

لِأَنَّ (because) ....

الأَولادَ لا يَلْعَبُونَ مَعَهُ.	الأَولادَ يَرْمُونَ الكُرَةَ على الوُرُودِ والأَزْهارِ.

2. لِـماذا طَلَبَ سَعِيدٌ مِنَ الأَولادِ أن لا يَرْمُوا الكُرَةَ على الوُرُودِ؟

لِأَنَّ (because) ....

الوُرُودَ سَوْفَ تَموتُ.	سَعِيداً لا يُحِبُّ الوُرُود.

3. هَلْ اعْتَذَرَ الأَولادُ مِن سَعِيد؟ وَلِـماذا؟

.... لِأَنَّهُم (because they) ....

لا. لا يُحِبُّونَ سَعِيداً.	نَعَم. يُحافِظونَ على جَمالِ الطَّبيعَةِ.

12 لَيْلى وَالثَّلْج

القِراءة Reading

فِي يَوْمٍ مِنْ أَيّامِ فَصْلِ الشِّتاءِ، كانَ الْجَوُّ بارِداً، والثَّلْجُ يُغَطِّي كُلَّ مَكانٍ، وَالرِّياحُ قَوِيَّةٌ، وَالْعَصافِيرُ تَرْتَجِفُ مِنَ الْبَرْدِ. كانتْ لَيْلى تُحِبُّ أَنْ تَلْعَبَ بالثَّلْجِ. خَرَجَتْ لَيْلى مِنَ البَيْتِ وَلَمْ تَسْتَمِعْ إِلى نَصِيحَةِ أُمِّها، وَلَمْ تَلْبَسْ ما يُدَفِّئُها.

كانَتْ أُمُّها تَقُولُ لَها دائِماً: ((حِينَ تَخْرُجِينَ إِلْبَسِي مِعْطَفَكِ الصُّوفِيَّ وحِذاءَكِ الشِّتَوِيَّ)).

عادَتْ لَيْلَى إِلى البَيْتِ وَهِيَ تَرْتَجِفُ. كانَت مُبَلَّلَةً. ساعَدَتْها أُمُّها على خَلْعِ حِذائِها وجَوْرَبَيْها، وَقالَتْ لَها:

أَخافُ عَلَيْكِ مِنَ الـمَرَضِ يا لَيْلى!

وَفِي اليَوْمِ التّالِي مَرِضَت لَيْلى، وَبَقِيَتْ فِي الفِراشِ أَيّاماً، وَعِنْدَما شُفِيَتْ، نَدِمَتْ لَيْلى على ما فَعَلَتْ وَعَرَفَتْ أَنَّ عَلَيْها أَنْ تَسْمَعَ كَلامَ أُمِّها.

التَّعبِيرُ الشَّفَهِي Oral expression

أَجِبْ على الأسئلَةِ شَفَهِيّاً: Answer the questions orally:

لـماذا (why) خَرَجَت لَيْلى مِنَ البَيْتِ؟

كَيْفَ (how) رَجَعَت لَيْلى مِنَ الـخارِجِ؟

ماذا (what) تُشاهِد فِي الصُّورَةِ أعلاه؟

مُفرَداتٌ أُحِبُّ أَنْ أَتَعَلَّمَها Vocabulary

يُغَطِّي : covers ، كُلّ مَكان : everywhere

تَرْتَجِف : shaking ، نَصِيحَة : advice

يُدْفِّئُها : make her warm ، كانت : she was

حِينَ تَخْرُجِينَ : when you (fem.) go out

مُبَلَّلَة : wet (fem.) ، خَلَع : took off

أَخافُ عَلَيْكِ : I am worried about you (fem.)

فِي اليَوْمِ التّالِي : in the next day ، بَقِيَت : She stayed

وَعِنْدَما شُفِيَت : when she got well ، نَدِمَت : She regretted

فَعَلَت : She did ، عَرَفَت : She knew

تَسْمَع كَلام أُمِّها : She listens to her mother

الأَضْداد Opposites

الْجَوُّ بارِد ≠ الْجَوُّ حارّ

الرِّياحُ قَوِيَّة ≠ الرِّياحُ خَفِيفَة

مُبَلَّلَة ≠ يابِسَة

خَلَعَ ≠ لَبِسَ

أَتَعَلَّمُ أَنَّ
I learn that

جُمْلَة مُفيدَة

full sentence

> A full sentence is a sentence that gives a meaning.

كانَ الْـجَوُّ بارِداً. الثَّلْجُ يُغَطّي كُلَّ مَكانٍ.

الْعَصافيرُ تَرْتَجِفُ مِنَ الْبَرْدِ.

لَيْلى تُحِبُّ أَنْ تَلْعَبَ بالثَّلْجِ.

خَرَجَتْ لَيْلى مِنَ البَيْتِ. لَمْ تَلْبَسْ ما يُدَفِّئُها.

إِلْبَسي مِعْطَفَكِ الصّوفِيَّ. عادَتْ لَيْلى إِلى البَيْتِ.

ساعَدَتْها أُمُّها. أَخافُ عَلَيْكِ مِنَ الْمَرَضِ.

بَقِيَتْ في الفِراشِ أَيّاماً. نَدِمَتْ لَيْلى على ما فَعَلَتْ.

(Note that the underlined words give full sentences even without the rest of the words.)

أُنْظُرْ وَاقْرَأْ   Look and read

فَصْلُ الشِّتاء

الـجَـوُّ بارِد

الثَّلْج

الرِّياحُ قَوِيَّة

مِعْطَف صُوفِي

حِذاء

الفِراش

الـمَرَض

الإملاء   Spelling

تُحِبُّ لَيْلى أن تَلْعَبَ بِالثَّلْجِ.

خَرَجَت لَيلى مِنَ البَيْتِ وَلَم تَلْبَس ما يُدَفِّئُها.

عادَت لِيلى إلى البَيْتِ وَهِيَ تَرتَجِفُ. في اليَومِ التّالِي مَرِضَت
وَبَقِيَت فِي الفِراشِ أيّاماً. وَعِندَما شُفِيَت نَدِمَت على ما فَعَلَت.

Read and write إِقْرَأْ وَاكْتُبْ

عادَتْ لَيْلَى وَهِيَ تَرْتَجِفُ. كانَت مُبَلَّلَةً. ساعَدَتْها أُمُّها على خَلْعِ حِذائَها وجَوْرَبَيْها، وَقالَتْ: أَخافُ عَلَيْكِ مِنَ المَرَضِ!

Exercises التمارين

Listening exercises تمارين استماع

1) أُنْظُرْ إلى الصُّوَرِ التّالِيَةِ، ثُمَّ اسْتَمِعْ إلى القُرْصِ المُدْمَجِ واخْتَرْ الْجَوابَ الصَّحِيحَ، واكْتُب رَقْمَهُ فِي المُرَبَّعِ:

Listen to the CD and choose the right answer, and then write its number in the box:

1. فِي يَوْمٍ مِنْ أَيّامِ [ ] ، كانَ الْـجَـوُّ بارداً.

2. تُـحِـبُّ لَيْلَى أَنْ تَلْعَبَ بِـ [ ] .

3. كانَ الثَّلْجُ يُغَطِّي كُلَّ مَكانٍ، وَالرِّياحُ [ ] .

4. مَرِضَت لَيْلى، وَبَقِيَتْ فِي [ ] أَيّاماً.

2) إرسِمْ دائِرَةً حَولَ الصُّورَةِ الّتي تسْمَعُ إسْمَها:

Draw a circle around the picture that you hear:

يذكرُ الـمُعَلِّمُ إسمَ صُورَةٍ واحدةٍ من كلِّ زوجٍ، أو يَستَخدِمُ خَياراتِ القُرصِ الـمُدمَج.

The teacher chooses the name of one picture from each pair, or use the choices on the CD.

1
2
3
4

Writing exercises تَـمارِين كِتابة

3) أُرْبُطي بَيْنَ الـمَقْطَعِ فِي العَمُودِ الأَيـمَنِ بالـمَقطَعِ الذي يُناسِبُهُ فِي العَمُودِ الأَيسَرِ لِتُكَوِّني جُمْلَةً مُفيدَةً:

Match each sentence in the right column to the suitable sentence in the left column to make a sentence:

عادَتْ لَيْلَى إِلى البَيْتِ	على خَلْعِ حِذائِها وجَوْرَبَيْها.
خَرَجَتْ لَيْلى مِنَ البَيْتِ	وَلَمْ تَسْتَمِعْ إِلى نَصِيحَةِ أُمِّها.
ساعَدَتْها أُمُّها	وَهِيَ تَرْتَـجِف.

4) أُربُطي بَيْنَ الكَلِمَةِ وَضِدِّها:

Draw an arrow to join the opposite words:

الـجَوُّ بارِدٌ ○	○ الرِّياحُ خَفِيفَةٌ
خَلَعَ ○	○ مُبَلَّلة
الرِّياحُ قَوِيَّةٌ ○	○ الـجَوُّ حارٌّ
يابِسة ○	○ لَبِسَ

5) رَتِّبْ الكَلِماتِ التّالِيَةَ لِتُكَوِّنَ جُمْلَةً ثُمَّ أُكْتُبْها فِي الفَراغِ:

Arrange the following words in order to make sentences and then write them in the spaces below:

يُغَطِّي - قَوِيَّة - الثَّلْجُ - كُلَّ مَكانٍ - كانَ - والرِّياحُ

لَيْلى - إلى - نَصِيحَةِ - لَمْ - تَسْتَمِعْ - أُمِّها

----

6) أُكْتُبِي الأَفعالَ المُناسِبَةَ فِي الفراغِ وَكَوِّنِي جُمَلاً مُفِيدَةً:

Write the suitable verbs in the spaces to make sentences:

------البِنْتُ حِذاءَها.	ذَهَبَت	------البِنْتُ دُرُوسَها.
------الوَلَدُ مِنَ البَرْدِ.	تُساعِدُ	------- البِنْتُ.
------البِنْتُ إلى البَيْتِ.	تَلْبَسُ	------البِنْتُ أُمَّها.
	تُحَضِّرُ	
	يَرْتَجِفُ	
	مَرِضَت	

13 سالِمٌ فِي حَدِيقَةِ الحَيْوانات

القِراءة Reading

زارَ سالِمٌ حَدِيقَةَ الحَيْواناتِ.

كانَ الْجَوُّ جَمِيلاً.

سالِمٌ يَذْهَبُ إلى قَفَصِ البَبَّغاءِ. ما أجْمَلَ هذِهِ البَبَّغاءُ، هِيَ تَتَكَلَّمُ!

سالِمٌ يَذْهَبُ إلى قَفَصِ القِرْدِ. القِرْدُ يَلْعَبُ وَيَضْحَكُ وَيَأْكُلُ المَوْزَ وَيَجْرِي هُنا وَهُناكَ.

سالِمٌ يقفُ أَمامَ الفِيلِ.

الفِيلُ حَيْوانٌ كَبِيرٌ، وَلَهُ خُرطُومٌ طَوِيلٌ.

يَذْهَبُ سالِمٌ إلى قَفَصِ الطّاووسِ.

الطّاووسُ حَيْوانٌ جَميلٌ، وَلَهُ جَناحانِ مُلَوَّنانِ بِأَلوانٍ جَميلَةٍ.

يَسْمَعُ سالِمٌ زَئيراً عالِياً،

يَلْتَفِتُ نَحْوَ مَصْدَرِ الصَّوْتِ،

هُوَ الأَسَدُ فِي القَفَصِ.

الأَسَدُ حَيْوانٌ كَبيرٌ وَمُخيفٌ،

وَلَهُ شَعْرٌ أَسْوَدُ يُغَطّي رَأْسَهُ.

التَّعْبيرُ الشَّفَهي Oral expression

صورة رقم ١

صورة رقم ٢

صورة رقم٣

أَجِبْ على الأَسئلَةِ شَفَهِّياً: Answer the questions orally:

أَيْنَ (where) ذَهَبَ سالِم؟

إلى ماذا (to what) يَنْظُرُ سالِم في الصُّورَةِ ١؟

ماذا (what) تُشاهِد فِي الصُّورَةِ ٢؟

ماذا سَمِعَ (what) سالِم (الصورة ٣)؟

مُفرداتٌ أُحِبُّ أَنْ أَتَعَلَّمَها Vocabulary

مـا أَجْمَلَ : how beautiful ، تَـتَكَلَّم : she speaks

يَـجْرِي هُنا وَهُناك : runs here and there

يَـقِفُ : he stands ، حَيْوانٌ : animal

لَـهُ : it has ، زَئِيراً عالِياً : roar loud

نَحْوَ : towards ، مَصْدَرِ الصَّوْت : the source of the sound

مُخِيف : scary ، يُـغَطِّي : it covers

أَتَعَلَّمُ أَنَّ
I learn that

nominal sentence

A nominal sentence is a sentence that starts with a noun.

سالِمٌ يَذْهَبُ إلى قَفَصِ القِرْد.

القِرْدُ يَلْعَبُ ويَضْحَكُ.

سالِمٌ يقفُ أمامَ الفِيلِ.

الفِيلُ حَيْوانٌ كَبيرٌ.

الطّاووسُ حَيْوانٌ جَميلٌ.

الأَسَدُ حَيْوانٌ كَبيرٌ وَمُخيفٌ.

(Note that the underlined words give full nominal sentences even without the rest of the words.)

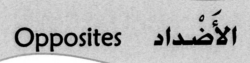
الأَضْداد   Opposites

 كَبِير ≠  صَغِير

 طَوِيل ≠   قَصِير

أُنْظُرْ وَاقْرَأْ   Look and read

حَدِيقَةُ الْحَيَوانات	قَفَصُ الْبَبَّغاء	قِرْد	فِيل

خُرْطُوم	طاوُوس	جَناحان	شَعْرٌ أَسْوَدٌ

الإملاء   Spelling

سالِمٌ يَذهَبُ إلى قَفَصِ البَبَّغاءِ. يَقِفُ سالِمٌ أَمامَ الفِيلِ.

الفِيلُ حَيوانٌ كَبيرٌ، وَلَهُ خُرطُومٌ طَويلٌ.

الأَسَدُ حَيوانٌ كَبيرٌ وَمُخِيفٌ، ولَهُ شَعرٌ أَسوَدُ يُغَطِّي رَأسَهُ.

إِقْرَأْ وَاكْتُبْ   Read and write

يَسْمَعُ سالِمٌ زَئيراً عالِياً، يَلْتَفِتُ نَحوَ مَصدَرِ الصَّوتِ،

الأَسَدُ فِي القَفَصِ، الأَسَدُ حَيوانٌ كَبيرٌ وَمُخِيفٌ.

التمارين Exercises

تمرين استِماع Listening exercise

1) إِسْتَمِعِي إِلى السُّؤالِ، ثَمَّ ضَعِي دائِرَةً حَولَ الصُّورَةِ الصَّحِيحَة:

Listen to the question and then draw a circle around the correct picture:

1

2

3

4

5

تَـمارين كِـتابة   Writing exercises

2) اِقْرَأ الدَّرْسَ وضَعْ ✓ أو ✗ بِـما يُناسِب ثُمَّ صَحِّح الـخَـطَأَ:

Read the lesson and put ✓ or ✗ next to the suitable sentence, then correct the false sentence:

1. الأَسَـدُ حَيْوانٌ كَبيرٌ، وَلَهُ خُرطُومٌ طَويلٌ.

الصَّحِيح ⟵ ....

2. يَزْأَرُ الـفِيلُ زَئيراً عالِياً.

الصَّحِيح ....

3. الـقِرْدُ يَلْعَبُ وَيَضْحَكُ وَيَأْكُلُ الـمَوْزَ.

الصَّحِيح ⟵ ....

4. الأَرْنَبُ حَيْوانٌ كَبيرٌ وَمُخِيفٌ.

الصَّحِيح ⟵ ....

3) كَوِّنْ جُمَلاً إِسْمِيَّةً مُسْتَعِيناً بِالصُّوَرِ كَما فِي المِثالِ:

Make nominal sentences by using the pictures (follow the example):

الوَلَدُ نَظِيفٌ.

2. ....

1. .... يَجْرِي.

3. ....

4. الأولادُ ....

4) رَتِّبِي الكَلِماتِ التّالِيَةَ لِتُكَوِّنِي جُمْلَةً مُفِيدَةً:

Put the following words in order to make a sentence:

1. إلى - البَبَّغاء - قَفَصِ - سالِم - يَذْهَبُ.

----

2. وَيَجْرِي - القِردُ - هُنا - يَلْعَبُ - وَهُناكَ - المَوْزَ - وَيأكُلُ.

الإختبار الثاني Test 2

إختبار

أَجِبْ عَنِ الأَسْئِلَة. صَحِّح الأَجْوِبَةَ وَضَع الدَّرَجَةَ الـمُناسِبَة.

Answer the questions. Mark your answers and fill in your score.

- *Sentences for listening questions 2 and 3 are on the CD; alternatively, the teacher chooses the sentences and says them out aloud for each part of the questions.*

1

(أ) إقْرَأْ كُلاًّ مِن النُّصُوصِ التّالِيَةِ بِصَوتٍ عالٍ (درجة واحدة)

(ب) أَجِبْ عَن الأَسْئِلَةِ شَفَهِيّاً (دَرَجَتان):

(a) Read the following text out loud (1 mark)

(b) Answer the questions orally (2 marks):

1

تَذْهَبُ زَيْنَبُ مَعَ عائِلَتِها إِلى الْحَدِيقَةِ.

تَتَمَشّى أُمُّ زَيْنَب بَيْنَ الأَشْجارِ، وَتُشاهِدُ الطُّيُورَ وتُحِبُّ التَّصْوِيرَ.

1. أَيْنَ (where) تَذْهَب زَيْنَبُ مَعَ عائِلَتِها؟

2. ماذا (what) تَفْعَلُ أُمُّ زَيْنَب؟

/ 3

2

زارَ باسِمٌ جَدَّهُ في عُطْلَةِ الأُسْبوعِ. تَجَوَّلَ باسِمٌ فِي شَوارِعِ القَرْيَةِ، كانَت الطَّبيعَةُ رائِعَةً ، والهَواءُ نَقِيّاً، والمِياهُ صافِيَةً.

1. متى (when) زارَ باسِم جَدَّهُ؟

/ 3

2. كَيْفَ (how) كانَت الطَّبِيعَةُ فِي القَرْيَةِ؟

3

قَفَزَت الفَأرَةُ تُلاعِبُ الفَراشَةَ، وطارَت الفَراشَةُ، وَاسْتَيْقَظَ الأَسَدُ غَضْبانَ، وَزَأَرَ زَئِيراً مُخِيفاً، خافَت الفَأْرَةُ وارْتَجَفَتْ.

1. مَعَ مَن (with who) لَعِبَت الفَأْرَةُ؟

/ 3

2. لِماذا (why) خافَت الفَأْرَة وارْتَجَفَتْ؟

4

قَرَضَت الفَأْرَةُ حِبالَ الشَّبَكَةِ بِأَسْنانِها فَقَطَّعَتْها. وَخَرَجَ الأَسَدُ، وَنَظَرَ إِلى الفَأْرَةِ وَقالَ لَها: شُكْراً لَكِ، أَنتِ خَلَّصْتِني مِنَ المَوْتِ.

1. بِماذا (with what) قَطَّعَت الفَأْرَةُ حِبالَ الشَّبَكَةِ؟

/ 3

2. ماذا قالَ الأَسَدُ لِلفَأْرَةِ؟

5

قالَ سَعِيدٌ: إذهَبُوا والْعَبُوا بَعِيداً عَنْ هذِهِ الْحَدِيقَةِ وَلا تَقْتَرِبُوا مِنَ الْوُرودِ والأزهارِ لأنَّها سَبَبُ جَمالِ الطَّبِيعَةِ.

1. ماذا طَلَبَ سَعِيدٌ مِنَ الأولادِ؟

2. لِـماذا (why) طَلَبَ مِنْهُم ذلكَ؟ `/ 3`

6

خَرَجَتْ لَيْلى مِنَ الْبَيْتِ وَلَمْ تَسْمَعْ نَصِيحَةَ أُمِّها. وَلَمْ تَلْبَسْ ما يُدَفِّئُها. مَرِضَتْ لَيْلى، وَبَقِيَتْ فِي الْفِراشِ أَيّاماً.

1. هَلْ (did) سَمِعَتْ لَيْلَى نَصِيحَةَ أُمِّها؟

2. لِـماذا (why) مَرِضَتْ لَيْلَى؟ `/ 3`

7

الْقِرْدُ يَلْعَبُ وَيَضْحَكُ وَيَأْكُلُ الـمَوْزَ وَيَجْري هُنا وَهُناكَ. الفِيلُ حَيْوانٌ كَبِيرٌ، وَلَهُ خُرطُومٌ طَويلٌ. الطّاوُوسُ حَيْوانٌ جَميلٌ، وَلَهُ جَناحانِ مُلَوَّنانِ بِألوانٍ جَمِيلَةٍ.

1. ماذا يَفْعَلُ الْقِرْدُ؟

2. صِفْ (describe) الفِيلَ والطّاوُوسَ؟ `/ 3`

2 إسْتَمِعي إلى القُرْصِ المُدْمَجِ واخْتاري الْجَوابَ الصَّحيحَ، واكْتُبي رَقْمَهُ فِي المُرَبَّع:

Listen to the CD and choose the right answer, and then write its number in the box:

1. قالَ سَعيدٌ: لا تَقْتَرِبُوا من ☐ لأنَّها سَبَبُ جَمالِ الطَّبيعَةِ.

2. في اليَوْمِ التّالي مَرِضَت لَيْلى، وَبَقِيَتْ في ☐ أيّاماً.

3. سَمِعَ ☐ زَئيرَ الأَسَدِ، وَحاوَلَ أَنْ يُقَطِّعَ الشَّبَكَةَ، فَلَمْ يَقْدِرْ.

4. بَقِيَ باسِمٌ ☐ في القَرْيَةِ.

5. نَظَرَ ☐ إلى الفَأرَةِ وَصاحَ: كَيْفَ تَقْفِزينَ على وَجْهي وَأَنا نائِمٌ؟! سَوْفَ أَقْتُلُكِ.

6. يَقْضي أَكْثَرُ النّاسِ ☐ خارِجَ البَيْتِ.

/6

3 ضَعْ عَلامَةَ ✗ تَحْتَ الصُّورَةِ الَّتِي تَسْمَعُ اسْمَهَا:

Put ✗ under the picture that you hear:

/ 8

4 إِخْتارِي الفِعْلَ الـمُناسِبَ وَاكْتُبِيهِ في الفَراغِ لِتُكَوِّنِي جُمْلَةً:

Choose the suitable verb and write it in the space to create a sentence:

1. قالَ سَعِيد: لا .... قُرْبَ الوُرُودِ وَالأَزهارِ. (تَلْعَبوا - تَرْمُوا)
2. .... زَيْدٌ مَعَ أَصْدِقائِهِ إِلى شاطِئِ البَحْرِ. (يَسْبَح- يَذْهَب)
3. .... لَيْلَى إِلى البَيْتِ وَهِيَ تَرْتَجِفُ. (مَرِضَت - عادَت)
4. .... سالِمٌ حَدِيقَةَ الحَيْوانات. (زارَ - لَعِبَ)
5. .... باسِمٌ القِطارَ يومَ السَّبتِ. (ذَهَبَ - رَكِبَ)
6. .... الفَأرَةُ حِبالَ الشَّبَكَةِ بِأَسْنانِها. (قَرَضت - قَفَزَت)

/6

5 أُربُطْ بَيْنَ الكَلِمَةِ وَضِدِّها:

Draw an arrow to join the opposite words:

كَبِير	لَبِسَ
يابِسَة	قَصِير
عادَ	صَغِير
طَوِيل	مُبَلَّلة
خَلَعَ	ذَهَبَ

/5

6 رَتِّبي الـكَـلِمات التّالِيَةَ لِتُكَـوِّني جُمْلَةً مُـفـيدَةً:

Write each set of the following words in order to make a sentence:

1. سَـعِـيدٌ - إلـى - جَـمِيلَةٍ - ذَهَـبَ - حَـدِيقَةٍ

. --

2. مِنَ البَيْتِ - وَلَم تَسْمَعْ - خَرَجَتْ - نَصِيحَةَ - لَيْلَى - أُمِّها

. --

3. الفِيلُ - زَئِيرَ - فَذَهَبَ إلَيْهِ - سَمِعَ - الأَسَدِ

. --

4. أُمُّ زَيْنَب - الأَشْجارِ - بَيْنَ - تَتَمَشَّى

. --

/8

7 كَوِّنْ جُمَلاً إِسْمِيَّةً مُسْتَعِيناً بِالصُّوَرِ كَما فِي الْمِثالِ:

Make nominal sentences by using the pictures (follow the example):

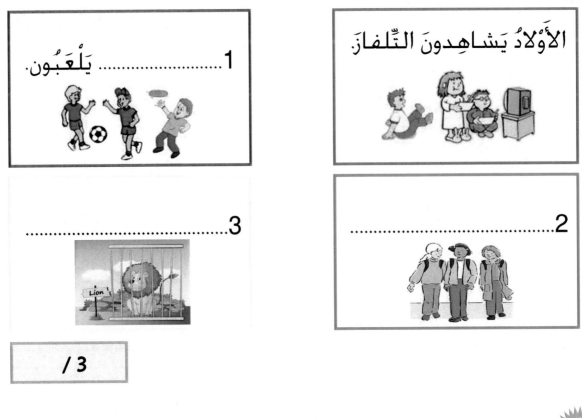

الأَوْلادُ يُشاهِدونَ التِّلْفازَ.

1. .... يَلْعَبُونَ.

2. ....

3. ....

/ 3

8 ضَعِي ✓ أَمامَ الْجُمْلَةِ الصَّحِيحَةِ ثُمَّ ارْسِمِي دائِرَةً حَوْلَ الْفِعْلِ:

Read the sentences and put a ✓ next to the right sentence, then draw a circle around the verb:

1. تَذْهَبُ زَيْنَبُ مَعَ عائِلَتِها إِلى الْمَدْرَسَةِ. ☐
2. الْبَبَّغاءُ يَلْعَبُ وَيَأْكُلُ الْمَوْزَ. ☐
3. زَأَرَ الأَسَدُ بِصَوْتٍ عالٍ. ☐
4. فِي يَوْمٍ مِنْ فَصْلِ الشِّتاءِ، كانَ الْجَوُّ حارّاً. ☐
5. خَلَّصَتْ الْفَراشَةُ الأَسَدَ مِنَ الْمَوْتِ. ☐

/ 10

9 إقْرَأ الْـجُمَلَ وَانْظُرْ إلى الصُّوَرِ، ثُمَّ أُكْتُب رَقْمَ الْـجُمْلَةِ فِي الْـمُرَبَّعِ بِجانِبِ الصُّورَةِ الْـمُناسِبَةِ :

Read the sentences and look at the pictures, then write the number of the sentence in the suitable box:

1. الْـجَوُّ بارِدٌ، والثَّلْجُ يُغَطِّي كُلَّ مَكانٍ.
2. القِرْدُ يَلْعَبُ وَيَضْحَكُ وَيأْكُلُ الـمَوْزَ.
3. الطَّبِيعَةُ رائِعَةٌ، والهَواءُ نَقِيٌّ، والعَصافِيرُ تُزَقْزِقُ فَوقَ الأَشْجارِ.
4. بَكَت الفَأْرَةُ، وقالتْ: سامِحْنِي يا مَلِكَ الغابَةِ.
5. الوَلَدُ فَرْحانٌ.
6. فَرِحَت البِنْتُ بالهَدِيَّةِ.

☐ ☐ ☐

☐ ☐ ☐

/ 6

10 أُكْتُبي الفِعْلَ الـمُناسِبَ فِي الفَراغِ لِتُكْمِلِي الْـجُمْلَةَ الإِسْمِيَّةَ:

Choose the suitable verb to complete the nominal sentence:

يَقْفِزُ - يَقْرَأُ - تُعِدُّ - يَتَكَلَّمُ - يُزَقْزِقُ

1. البَبَّغاءُ ....

2. القِرْدُ .... فِي القَفَصِ.

3. الأُمُّ .... الطَّعامَ.

4. الرَّجُلُ .... الـجَريدَةَ.

5. العُصْفورُ .... فَوْقَ الشَّجَرَةِ.

/ 5

11 رَتِّبِ الكَلِماتِ التّالِيَةَ لِتُكَوِّنَ جُمْلَةً:

Arrange the following words to make a sentence:

كَبيرَتان	فِي	ساحَتان	الـمَدْرَسَة

/ 2

Total: / 80

الوحدة الخامسة

Unit 5

14 الحُرُوفُ مُتَقارِبَةُ اللَّفْظِ

هُناكَ حُرُوفٌ تَتَقارَبُ فِي اللَّفْظِ، منها:

Some letters have similar sounds, such as:

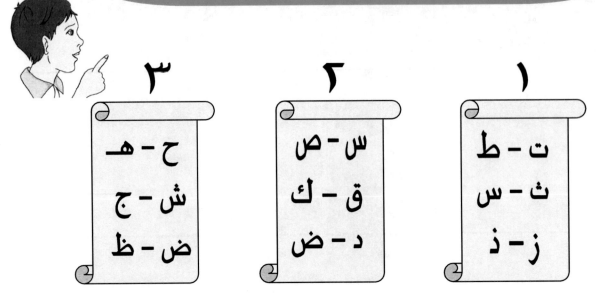

٣	٢	١
ح - هـ	س - ص	ت - ط
ش - ج	ق - ك	ث - س
ض - ظ	د - ض	ز - ذ

❖ في الـمَجْمُوعَةِ الأولى حَرْفان مُتَقارِبان فِي اللَّفْظ، ما هُما؟

(ت - ط) إلْفِظْ هذَين الـحَرفَين.

In the first group of letters there are two letters that have similar pronunciation, what are they? (ت - ط) Pronounce these letters:

أرسِمُ دائِرَةً حَولَ الـحَرف (ت) والـحَرف (ط) فِي هذهِ الكَلِمات:

I draw a circle around the letter (ت) and the letter (ط):

بَيْت - طَبْل - تِمْساح - طائِرَة

❖ فِي الـمَجْمُوعَةِ الأُولـى أيْضاً. حَرفانِ مُتَقَارِبانِ فِي اللَّفْظِ؟ ما هُما؟

(ث – س)   تَلَفَّظْ بِهِما جَيداً:

Also in the first group, there are two other letters that have similar pronunciation, what are they? (ث – س) Pronounce these letters:

أَرسِـمُ دائِرَةً حَـوْلَ الـحَـرْفِ (ث) والـحَـرْفِ (س) فِي هذهِ الكَلِماتِ:

I draw a circle around the letter (ث) and the letter (س):

ثَوْب – سَـماء – ثُعْبان – سَـمَكَة

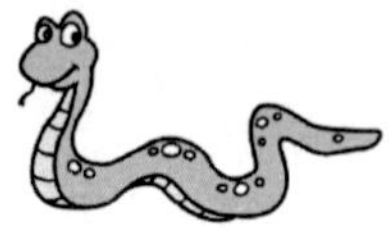

❖ ما الـحَـرْفانِ الـمُتَبَقِّيانِ فِي الـمَجْمُوعَةِ الأُولـى؟ (ز – ذ) تَلَفَّظْ بِهِما.

هَلْ هُما مُتَقارِبانِ فِي اللَّفْظِ؟

What are the remaining two letters in the first group? (ز – ذ) Pronounce them. Do they have similar pronunciation?

إرسِـمُ دائِرَةً حَـوْلَ الـحَـرْفِ (ز) ومُرَبَّعاً حَـوْلَ الـحَـرْفِ (ذ):

I draw a circle around the letter (ز) and draw a square around the letter (ذ):

زَوْرَق – ذِئْـب – خُـبْـز – ذُبـابَـة

❖ وهكذا بالنِّسْبَةِ إلـى الـمَجْمُوعَتَيْنِ الثَّانِيَةِ والثَّالِثَة.

And so on for the second and the third groups.

Exercises التمارين

Listening exercises تــمـارين اسـتِـمـاع

1) إسْـتَـمِـعِـي، ثُمَّ ارسِـمْ دائِرَةً حَـولَ الـحَـرفِ الـذي تَـسْـمَـعينَـهُ:

Draw a circle around the letter that you hear:

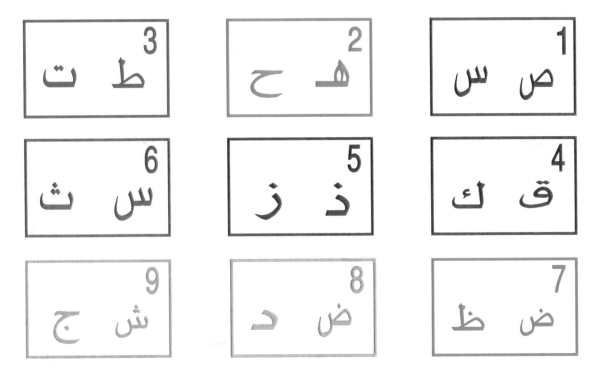

3 ط ت	2 هـ ح	1 ص س
6 س ث	5 ذ ز	4 ق ك
9 ش ج	8 ض د	7 ض ظ

2) إرسِـمْ دائِرَةً حَـولَ الـصُّـوَرِ الّـتـي تَـحـتَـوِي عـلـى الـحَـرف (ح) ومُـرَبَّـعاً حَـولَ الـصُّـوَرِ الّـتـي تَـحـتَـوِي عـلـى الـحَـرف (هـ):

Draw a circle around the pictures that contain the letter (ح) and a square around the pictures that contain the letter (هـ):

قُمْ بِنَفْسِ الشَّيءِ بالنِّسْبَةِ إلى الـحَرفِين (ق) و (ك):

Do the same for the letters (ق) and (ك):

And the letters (س) and (ص): وَأَيضَاً الـحَرفان (س) و (ص):

And the letters (د) and (ض): وَأَيضَاً الـحَرفان (د) و (ض):

3) صِلْ بِسَهْمٍ بَيْنَ الحَرْفِ وَما يُقارِبُهُ فِي اللَّفْظِ (مُتَّبِعاً المِثالَ):

Draw an arrow between the two letters that have similar pronunciation (follow the example):

شَجَرَة		هَرَم	
سَماء		تاج	
طَبْل		جَمَل	
ذِئْب		صاروخ	
كَلْب		ثَعْلَب	
ظَرْف		قِرْد	
سَمَكَة		زَرافَة	
حُوت		ضِرْس	

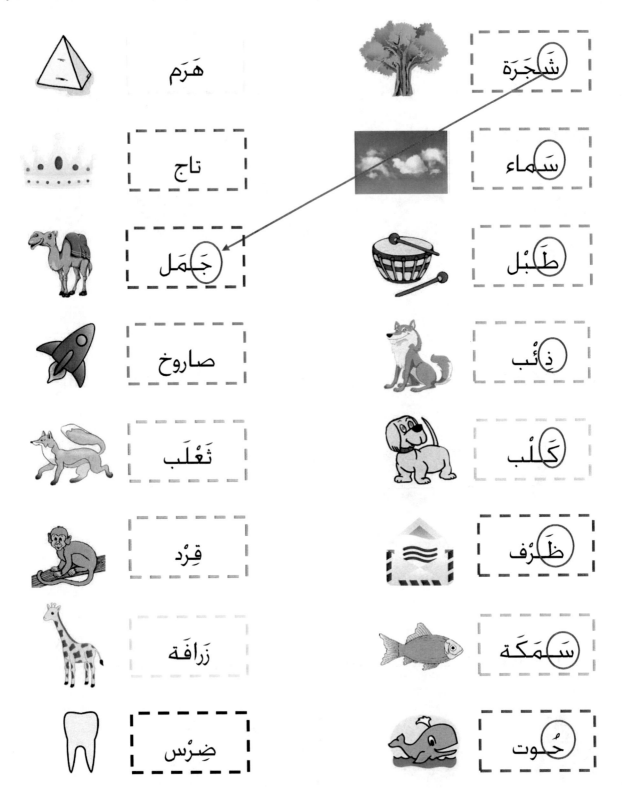

4) إِخْتَارِي الـحَرْفَ الصَّحِيحَ وَاكْتُبِيهِ فِي الفَراغِ:

Choose the suitable letter and write it in the space:

1. تَلْعَبُ القِـ......ـةُ. (ت – ط).

2. ......ـارَ زيدٌ فِي الـ......ـارِعِ. (س – ص) ، (ج – ش).

3. يَـ......ـمِلُ باسِمٌ الطَّعامَ. (ح – هـ).

4. ......ـذا ......فْدَعٌ. (هـ – ح)، (د – ض).

5. الـ......ـلامُ عَلَيْـ......م. (س – ث) ، (ق – ك).

6. الـخُبْـ...... لَذِ يـ...... . (ذ – ز).

7. تَـحْمِلُ لَيْلى مِـ......ـلَةً. (ض – ظ).

15 الفُصولُ الأَرْبَعَةُ

القِراءة Reading

جاءَ فَصْلُ الشِّتاءِ. الْجَوُّ بارِدٌ وَالرِّياحُ قَوِيَّةٌ، وَالثُّلوجُ تُغَطّي كُلَّ مَكانٍ. تَلْبَسُ سَلْوى مَلابِسَ سَميكَةً. تَجْلِسُ مَعَ جَدَّتِها في الغُرفَةِ. جَدَّتُها تَصْنَعُ الشّايَ. "إِشْرَبي الشّايَ الحارَّ يا سَلْوى".

في فَصْلِ الرَّبيعِ، الْجَوُّ مُعْتَدِلٌ. الأَزهارُ وَالوُرودُ في كُلِّ مَكانٍ، وَالعَصافيرُ تُزَقْزِقُ فَوْقَ أَغْصانِ الأَشْجارِ. تَلْبَسُ سَلْوى مَلابِسَ خَفيفَةً وَتَجْري وَتُلاحِقُ الفَراشاتِ، وَهِيَ تَذْهَبُ إِلى بَيْتِ جَدَّتِها.

فِي فَصْلِ الصَّيْفِ، الْجَوُّ حارٌّ وَالشَّمْسُ طالِعَةٌ، والسَّماءُ زَرْقاءُ. سَلْوى تَحْمِلُ مِظَلَّةً حَمْراءَ،

والأَطْفالُ يَلْعَبُونَ بِالكُرَةِ. زارَتْ سَلْوى جَدَّتَها، وجَلَسَتْ مَعَها فِي الْحَدِيقَةِ تَحْتَ الشَّجَرَةِ.

فِي فَصْلِ الْخَرِيفِ، يَنْزِلُ الْمَطَرُ، وَأَوْراقُ الأَشْجارِ تَتَساقَطُ على الأَرضِ. تَأْتِي الْجَدَّةُ لِتَزُورَ سَلْوى. هذِهِ السَّنَةَ حَمَلَتْ مَعَها الهَدايا وَالْحَلْوى.

التَّعبِير الشَّفَهِي Oral expression

أَجِبْ على الأسئلَةِ شَفَهِيّاً: Answer the questions orally:

ماذا (what) تُشاهِدُ سَلوى فِي الخارِجِ؟

ماذا تُلاحِقُ سَلوى؟

أَيْنَ (where) تَجْلِسُ سَلوى، وَمَعَ مَنْ؟

أَيْنَ تَذْهَبُ جَدَّةُ سَلوى؟

مُفرَداتٌ أُحِبُّ أَنْ أَتَعَلَّمَها　　Vocabulary

تَـلْبَسُ : she wears　،　يَـلْبَس : he wears

مَلابِس سَـمِيكَـة : heavy clothes

تَـصْنَعُ الشّـاي : she makes tea　،　يَـصنَعُ : he makes

الـجَوُّ مُعْـتَدِلٌ : the weather is fine

مَلابِس خَـفِيفَـة : light clothes

تُلاحِـق : she runs after

الشَّـمْسُ طالِعَـةٌ : the sun is out

يَنْزِلُ الـمَـطَـر : the rain is falling

تَتَساقَـط : they fall

تَـأْتِي : she comes　،　يَـأْتِي : he comes

لِـتَزُور = لِـ + تَزُور : to visit

مَعَـها = مَعَ + ها : with her

الـحَلْوى : the sweets

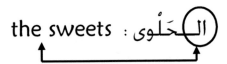

أَتَعَلَّمُ أَنَّ

I learn that

verbal sentence جُمْلَة فِعْلِيَّة

A verbal sentence is a sentence that starts with a verb.

جاءَ فَصْلُ الشِّتاءِ.

تَلْبَسُ سَلْوى مَلابِسَ سَمِيكَةً.

تَجْلِسُ مَعَ جَدَّتِها.

إِشْرَبِي الشّايَ.

زارَتْ سَلْوى جَدَّتَها.

يَنْزِلُ الْمَطَرُ.

تَأْتِي الْجَدَّةُ.

حَمَلَتْ مَعَها الهَدايا.

Opposites الأَضْداد

الْجَوُّ بارِدٌ ≠ الْجَوُّ حارٌّ

الرِّياحُ قَوِيَّةٌ ≠ الرِّياحُ خَفِيفَةٌ

سَمِيكَة ≠ خَفِيفَة

حار ≠ بارِد

تَحْتَ ≠ فَوْقَ

أُنْظُرْ وَاقْرَأْ Look and read

الشِّتاء

غُرْفَة

الرَّبيع

أَغْصانُ الأَشْجار

الفَراشات

الصَّيْف

السَّماءُ زَرْقاء

مِظَلَّة حَمْراء

الخَريف

أَوْراقُ الأشْجار

الهَدايا

الحَلْوى

Spelling الإملاء

فِي فَصْلِ الشِّتاءِ تَلْبَسُ سَلوى مَلابِسَ سَمِيكَةً.

في فَصْلِ الصَّيْفِ، الجَوُّ حارٌ وَالشَّمْسُ طالِعَةٌ.

زارَت سَلوى جَدَّتَها، وَجَلَسَت مَعَها فِي الحَدِيقَةِ.

Read and write إِقْرَأْ وَاكْتُبْ

تَجْلِسُ سَلْوى مَعَ جَدَّتِها فِي الغُرفَةِ . فِي فَصْلِ الْخَرِيفِ .

يَنْزِلُ الْمَطَرُ، وَأَوْراقُ الأَشْجارِ تَتَساقَطُ على الأَرْضِ .

Exercises التمارين

Listening exercise تـمرين استِماع

1) ضَعْ عَلامَةَ X تَحْتَ الصُّورَةِ الّتي تُناسِبُ الْجُملَةَ الّتي تَسْمَعُها:

Put X under the correct picture, according to what you hear:

1

3

4

5

6

Writing exercises تـَمارِين كِتابة

2) أُربُطِي بَينَ الـمَقْطَعِ فِي العَمُودِ الأَيـمَنِ بالـمَقطَعِ الذي يُناسِبُهُ فِي العَمُودِ الأيسَرِ لِتُكَوِّني جُمْلَةً فِعْلِيَّة:

Match each sentence in the right column to the suitable sentence in the left column to make a verbal sentence:

إشـرَبِي الـشّـايَ	الهَدايا والحَلْوى إلى سَلْوى
يَنْزِلُ الْـمَـطَرُ	الحارَّ يا سَلوى
تَـحْمِلُ الْـجَدَّةُ	وَتَتَساقَطُ أَوْراقُ الأَشْجارِ

3) أُربُطْ بَينَ الكَلِمَةِ وَضِدِّها:

Draw an arrow to join the opposite words:

حارّ	الرِّياحُ خَفِيفَةٌ
سَمِيكَة	فَوْق
الرِّياحُ قَوِيَّةٌ	بارِد
تَحْت	خَفِيفَة

4) صِفي كُلَّ صُورَةٍ بِجُمَلةٍ فِعْلِيَّةٍ مُسْتَعِينَةً بِالكَلِماتِ:

Describe the picture by forming a verbal sentence using the provided words:

1. جَدَّتِها - إلى - تَذْهَبُ - بَيْتِ - سَلْوى

....

2. العَصافِيرُ - أَغْصانِ - فَوْقَ - تُزَقْزِقُ - الأَشْجارِ

....

3. سَلْوى- مِظَلَّةً - تَحْمِلُ - حَمْراءَ

....

4. جَدَّتِها - الحَدِيقَةِ - فِي - تَجْلِسُ - سَلْوى- مَعَ

....

5) أُكْتُب الأفعالَ الـمُناسِبَةَ فِي الفراغِ وَكَوِّن جُملاً فِعْلِيَّةً:

Write the suitable verbs in the spaces to make verbal sentences:

------- سَلْوى مِعطَفاً أحمر.	يَنْزِلُ	------- سَلْوى مَعَ جَدَّتِها.
	تَجْلِسُ	
	تَلْبَسُ	
------ الشّايَ الحارَّ يا سلوى.	تَزُورُ	-------- الْجَدَّةُ الهَدايا.
	إشرَبِي	
------ الْمَطَرُ فِي الخَرِيفِ.	تَحمِلُ	-------- الْجَدَّةُ سَلْوى.

6) كَوِّني جُمَلاً فِعْلِيَّةً مُسْتَعِينَةً بالصُّوَرِ كَما فِي الـمِثال:

Make verbal sentences by using the pictures:

1. أُنظُر إلى ....

2. يَحْمِل ....

3. ذَهَبَت .... إلى ....

4. ذَهَبَ .... إلى ....

16 عِيدُ الأُمِّ

القِراءة Reading

دَقَّ جَرَسُ البابِ. فَتَحَتْ أَسْماءُ البابَ فَوَجَدَتْ ساعِي الْبَرِيدِ يَحْمِلُ عُلْبَةً كَبِيرَةً فِي يَدِهِ. أَخَذَتْ أَسْماءُ العُلْبَةَ مِنَ الرَّجُلِ وشَكَرَتْهُ.

قالَتْ الأُمُّ: مَنْ دَقَّ جَرَسَ البابِ؟

أَسْماء: هُوَ ساعِي البَرِيدِ يا أُمِّي.

الأُمُّ: وَماذا حَمَلَ إِلينا ساعِي البَرِيدِ؟

أَسْماء: عُلْبَةً كَبِيرَةً. أَنَّها هَدِيَّةٌ!

الأُمُّ: وَكَيْفَ عَرَفْتِ إِنَّها هَدِيَّةٌ؟

أَسْماء: لِأَنَّها مُغَلَّفَةٌ بِوَرَقِ هَدايا أَلْوانُهُ جَمِيلَةٌ.

الأُمُّ: هَلْ يُوجَد إِسْمٌ عَلَيْها؟

أَسْماء: لا يا أُمِّي.

الأُمُّ: إِفْتَحِي العُلْبَةَ لِنَرى ما فِيها.

أَسْماء: نَعَم يا أُمِّي، سَأَفْتَحُها.

أَسْماء: إِنَّها هَدِيَّةٌ جَمِيلَةٌ لَكِ مِنْ أَخِي الكَبيرِ مُحْسِن!

ضَحِكَتْ الأُمُّ وَقَبَّلَتْ أَسْماءَ وَقالَتْ: الآن فَهِمْتُ. شُكْراً لَكُما أَنتِ وَمُحْسِن. أَنْتُما لا تَنْسَيانِ شَيْئاً أَبَداً!

أَسْماء: إِنَّهُ عِيدُ الأُمِّ. كَيْفَ نَنْساهُ! كُلُّ عامٍ وَأَنْتِ بِخَيرٍ يا أُمِّي.

التَّعْبِير الشَّفَهِي Oral expression

أَجِبْ على الأسئلَةِ شَفَهِيّاً: Answer the questions orally:

مَن (who) دَقَّ جَرَس الباب؟

ماذا (what) طَلَبَت الأُمُّ مِنْ أَسْماء؟

ماذا بداخِل العُلْبَة؟

لِماذا (why) أهدى مُحْسِنُ وأَسْماءُ أُمَّهُم هَدِيَّةً؟

مُفرَداتٌ أُحِبُّ أَنْ أَتَعَلَّمَها Vocabulary

دَقَّ : he knocks ، فَتَحَت : she opened

فَوَجَدَت : and she found ، أَخَذَت : she took

شَكَرَتْهُ = شكر + ت + ه : she thanked him

مَنْ الذي : **who** **(question إستِفهام)**

إلَيْنا : to us ، أنَّها : it (fem.) is

كَيْفَ : **how** **(question إستِفهام)**

عَرَفْتِ : you (fem.) knew ، لِأنَّها : because it (fem.) is

مُغَلَّفَة : wrapped ، جَميلَة : beautiful

هَلْ يُوجَد : is there **(question إستِفهام)**

عَلَيْها : on it (fem.) ، لِنَرى : let us see

ما فِيها : what is inside it (fem.)

ضَحِكَت : she laughed ، قَبَّلَت : she kissed

الآن : now ، فَهِمْتُ : I understood

لَكُما : to both of you ، أنْتُما : you (two)

تَنْسَيانِ = تنسى + ان : you (two) forget

شَيْئاً : anything ، أبَداً : never

عِيدُ الأمّ : mother's day ، نَنْساه : we forget it (masc.)

كُلّ عامٍ وأنْتِ بِخَير يا أُمّي : Happy Mother's Day (mother)

الأَضْداد   Opposites

 عُلْبَةٌ صَغِيرَةٌ ≠ عُلْبَةٌ كَبِيرَةٌ

 تَتَذَكَّران ≠ تَنْسَيان

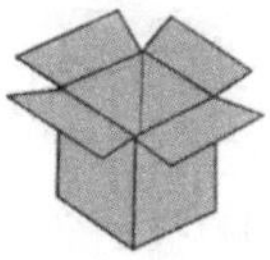

أَتَعَلَّمُ أَنَّ
I learn that

مَنْ – كَيْفَ – هَل – ماذا؟

الإِسْتِفْهام   asking questions

لِـماذا – أَيْنَ – مَتى   ؟

Look and read   أُنْظُرْ وَاقْرَأْ

جرس الباب	ساعِي البَريد	عُلْبَة	وَرقُ هَدايا

الإملاء Spelling

الأُمُّ: ماذا حَمَلَ إِلَيْنا ساعِي البَرِيدِ يا أَسْماء؟

أَسْماء: عُلْبَةً كَبِيرَةً يا أُمِّي. إِنَّها هَدِيَّةٌ مُغَلَّفَةٌ بِوَرَقِ هَدايا أَلوانُهُ جَمِيلَةٌ.

إِقْرَأْ وَاكْتُبْ Read and write

فَتَحَتْ أَسْماءُ البابَ فَوَجَدَتْ ساعِي الْبَرِيدِ يَحْمِلُ عُلْبَةً كَبِيرَةً فِي يَدِهِ . أَخَذَتْ أَسْماءُ العُلْبَةَ مِنَ الرَّجُلِ وشَكَرَتْهُ .

Exercises التمارين

Listening exercise تـــمرين استِماع

1) أُنظُرْ إلى الصُّورِ التّاليَةِ واسْتَمِعْ إلى القُرْصِ الـمُدْمَجِ وَضَع X تَـحتَ الـصُّورَةِ الـصَّحِيحَةِ:

Listen to the CD and put an X under the suitable picture:

1

2

3

4

تـمارِين كِتابة Writing exercises

2) أُكْتُب اسْـمَ الإسـتِفْهامِ الـمُناسِـبِ فِـي الفَراغِ، وَأَجِب عَلى الأسـئلَةِ:

Write the suitable istifham pronouns in the spaces and answer the questions:

ماذا - هَلْ - مَنْ - كَـيْفَ

1. .... دَقَّ جَرس الباب؟

الـجَواب: ....

2. .... عَرَفَت أَسْـماءُ أَنَّها هَدِيَّة؟

الـجَواب: ....

3. الأُمّ: .... يُوجَد إِسْـمٌ عَلَيْها؟

الـجَواب: ....

4. الأُمّ: .... حَمَلَ إِلَيْنا ساعِي البَريد؟

الـجَواب: ....

3) صِلي بَيْنَ اسْمِ الإسْتِفْهامِ في الوَسَطِ وما يُناسِبُهُ مِنَ الْجُمَلِ:

Connect the istifham pronoun in the middle with all suitable sentences:

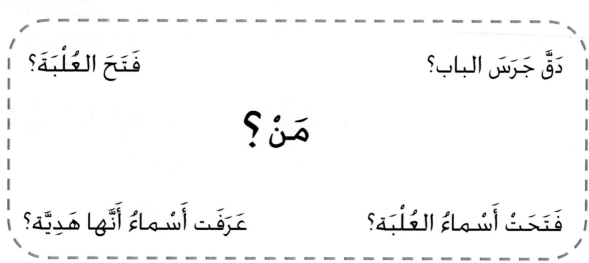

دَقَّ جَرَسَ الباب؟   فَتَحَ العُلْبَةَ؟

مَنْ ؟

فَتَحَتْ أَسْماءُ العُلْبَةَ؟   عَرَفَت أَسْماءُ أَنَّها هَدِيَّة؟

4) أُرْبِطي بَيْنَ الكَلِمَةِ والصُّورَةِ المُناسِبَة:

Match the words with the pictures:

جَرَسُ الباب	وَرَقُ هَدايا
	فَهِمَت
ضَحِكَت	عِيدُ الأُمّ
	قَبَّلَت

5) أُربُطْ الكَلِمَةَ الّتي فِي داخِلِ المُسْتَطيلِ بِما يُناسِبُها مِن جُمْلَةٍ ثُمَّ اكْتُبْ رَقْمَ الْجُمْلَةِ فِي المُرَبَّعِ داخِل الصُّورَةِ المُناسِبَةِ:

Connect the word in the rectangle to the suitable sentence in one of the two squares and write the number of the sentence in the box of the suitable picture:

3. إشْتَرَت البِنْتُ؟	2.يَحْمِلُ الوَلَدُ؟	1.يَلْعَبُ بالكُرَة؟

ماذا ؟	مَنْ ؟

6) ضَعِي عَلامة ✓ أو علامة X فِي المُرَبَّع بِما يُناسِب:

Put ✓ or X in the appropriate box:

1. فَتَحَت أَسْماءُ الباب فَوَجَدت مُحسناً. ☐
2. ضَحِكَتْ الأمُّ وَقَبَّلَتْ أَسْماءَ. ☐
3. ساعي البَريدِ يَحْمِلُ عُلْبَةً كَبيرَةً. ☐
4. قالَ مُحْسِن: إنَّهُ عِيدُ الأمِّ. كَيْفَ نَنْساه! ☐

الوحدة السادسة

Unit 6

17 حَدِيقَتُنا

القِراءة Reading

إِسْمي سَمَر، أَعيشُ في بَيْتٍ كَبيرٍ. في بَيْتِنا حَديقَةٌ جَميلَةٌ، فيها أَشْجارٌ كَثيرَةٌ وَوَرْدٌ وَأَزْهار.

في الحَديقَةِ شَجَرَةٌ كَبيرَةٌ، على الشَّجَرَةِ عُشٌّ لِلْعَصافيرِ، وَحَمامَةٌ بَيْضاءُ تَقِفُ على الغُصْنِ تَحْمِلُ بِمِنْقارِها حَبَّةً. أَرْكُضُ إِلى الشَّجَرَةِ، تَطيرُ الحَمامَةُ إِلى شَجَرَةٍ أُخْرى.

الوُرودُ جَميلَةٌ وَأَلْوانُها زاهِيَةٌ في كُلِّ مَكانٍ على أَرضِ الحَديقَةِ. أَجْري وَأَلْعَب، وَأَقْفِزُ لِأُمْسِكَ الفَراشَةَ. تَبْتَعِدُ الفَراشَةُ عَنِ الأَرضِ وَتَطيرُ!

فِي رُكْنِ الحَدِيقَةِ شَجَرةُ تُفّاحٍ كَبِيرةٌ، تَقْطِفُ أُخْتِي هُدى التُّفّاحَ مِنَ الشَّجَرَةِ وتَضَعُهُ فِي السَّلَّةِ.

هُناكَ نَخْلَةٌ عالِيَةٌ، يَصْعَدُ الفَلّاحُ عَلى النَّخْلَةِ وَيَقْطِفُ التَّمْرَ اللَّذِيذَ. ما أَلَذَّ التَّمْرَ وما أَجْمَلَ حَدِيقَتَنا!

التَّعبِير الشَّفَهِي Oral expression

أَجِبْ على الأسئلَةِ شَفَهِيّاً: Answer the questions orally:

ماذا تُشاهِدُ فِي الصُّورَة الأُولى؟ ماذا تَفْعَلُ هُدى فِي الصُّورة الثانِيَة؟

ماذا يَفْعَلِ الفَلّاحُ فِي الصُّورَةِ الثالِثَة؟ وإلى ماذا تَنْظُرُ سَمَرُ فيها؟

مُفرَداتٌ أُحِبُّ أَنْ أَتَعَلَّمَها Vocabulary

فِيها = في + ها : in it (حَرفُ جَرّ preposition)

عَلى الغُصْنِ : on the branch (حَرفُ جَرّ preposition)

بِمِنْقارِها = بِـ + منقار + ها : with its beak (حَرفُ جَرّ preposition)

أَلْوانُها زاهِيَة : their colours are bright

لِأُمْسِكَ = لِـ + أُمْسِكَ : to catch ، تَبْتَعِدُ : it moves away

عَن : from (also about) (حَرفُ جَرّ preposition)

رُكْن : corner

تَقْطِفُ ... مِن : she picks ... from (حَرفُ جَرّ preposition)

تَضَع : she puts ، عالِيَة : high

يَصْعَدُ : he climbs ، اللَّذيذ : delicious

ما أَلَذَّ : how delicious ، ما أَجْمَلَ : how beautiful

الأَضْداد Opposites

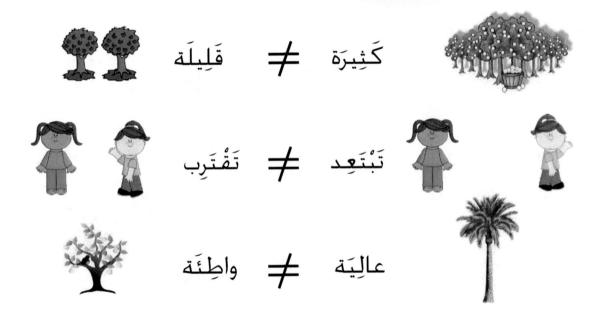

كَثيرَة ≠ قَليلَة

تَبْتَعِد ≠ تَقْتَرِب

عالِيَة ≠ واطِئَة

أَتَعَلَّمُ أَنَّ

I learn that

حُرُوفُ الـجَّر prepositions

فِي ، عَلَى ، بِ

إِلَى ، عَن ، مِن

A PREPOSITION is a word used to tell the relation, either between the verb and the noun that comes after it, or the noun and the noun that comes after it.

Look and read   أُنْظُرُ وَاقْرَأُ

حَدِيقَة	أَشْجار	وُرُود وَأَزْهار	عُشّ

حَمامَة	الفَراشَة	شَجَرَة	السَّلَّة

لَذِيذ	تَــمْر	فَلَّاح	نَخْلَة

الإملاء   Spelling

فِي رُكْنِ الْحَدِيقَةِ شَجَرَةُ تُفَّاحٍ كَبِيرَةٌ،

تَقْطِفُ أُخْتِي هُدى التُّفاحَ مِنَ الشَّجَرَةِ وَتَضَعُهُ فِي السَّلَّةِ.

هُناكَ نَخْلَةٌ عالِيَةٌ، يَقْطِفُ الفَلَّاحُ التَّمْرَ اللَّذِيذَ.

إقْرَأ وَاكْتُب   Read and write

هُناكَ نَخْلَةٌ عالِيَةٌ، يَصْعَدُ الفَلَّاحُ عَلى النَّخْلَةِ وَيَقْطِفُ التَّمْرَ اللَّذِيذَ.

التمارين Exercises

تمارين استماع Listening exercises

1) إرسِمْ دائِرَةً حَولَ الصُّورَةِ الّتي تسْمَعُ إِسْمَها:

Draw a circle around the picture that you hear:

يذكُرُ المُعَلِّمُ إسمَ صُورَةٍ واحدةٍ من كل زَوجٍ، أو يَستخدِمُ خَيارات القُرصِ المُدمَج.

The teacher chooses the name of one picture from each pair, or use the choices on the CD.

1

2

3

4

2) إِسْتَمِعْ إلى السُّؤالِ، ثُمَّ ضَعْ دائِرَةً حَولَ الصُّورَةِ الصَّحِيحَة:

Listen to the question and then draw a circle around the correct picture:

1

2

3

4

5

تَـمارِين كِتابة Writing exercises

3) أُكْتُبِي حَرفَ الْـجَّرِ الـمُناسِبَ فِي الفَراغِ:

Fill in the spaces with the suitable prepositions (you may use some of them twice):

على - مِن - فِي - بـ

1. تَـحْمِلُ الـحَمامَةُ .... مِنْقارِها حَبَّةً.

2. تَقْطِفُ أُخْتِي هُدى التُّفّاحَ .... الشَّجَرَةِ.

3. أَعِيشُ............. بَيْتٍ كَبِيرٍ.

4. .... الشَّجَرَةِ عُشٌّ لِلْعَصافِيرِ .

5. يَصْعَدُ الفَلّاحُ .... النَخْلَةِ ويَقْطِفُ التَمْرَ اللَّذِيذَ.

4) رَتِّبي الـكَلِمات التّالِيَةَ لِتُكَوِّني جُمْلَةً مُفيدَةً:

Put the following words in order to make a sentence:

1. الـحَدِيقَةِ - شَـجَرَةُ - كَـبِيرَةٌ - تُفّاحٍ - فِـي رُكْـنِ

2. على الغُصْنِ - تَقِفُ - بَيْضاءُ - حَـمامَةٌ

3. جَمِيلَةٌ - وَأَلْوانُها - زاهِيَةٌ - الْوُرُودُ

4. الفَلّاحُ - التَّمْرَ - يَقْطِفُ - اللَّذِيذَ

5. حَدِيقَةٌ - فِي - بَيْتِنا - جَمِيلَةٌ

5) أُربُطْ بَينَ الكَلِمَةِ وَضِدِّها:

Connect the opposite words:

تَبْتَعِد	عالِيَة
كَثيرَة	تَقْتَرِب
واطِئَة	قَلِيلَة

6) إقْرَئي الفَقَرَةَ التّالِيَةَ، وَامْلَئي الفراغات بِالكَلِمَاتِ المُناسِبَةِ:

Read the following passage and fill in the spaces with the suitable words:

الوُرُودُ - عَن - على - فِي - وأَقْفِز - إلى

.... بيْتِنا حَدِيقَةٌ جَمِيلَةٌ. فِيها أَشْجارٌ كَثِيرَةٌ وَوَرْدٌ وَأَزْهار. أَرْكُضُ

.... الشَّجَرَة، تَطِيرُ الحَمامَةُ إلى شَجَرَةٍ أُخْرى. ....

جَمِيلَةٌ وَأَلْوانُها زاهِيَة فِي كُلِّ مَكانٍ .... أَرْضِ الحَدِيقَةِ. أَجْري

وَأَلْعَب، .... لِأُمْسِكَ الفَراشَةَ. تَبْتَعِدُ الفَراشَةُ ....

الأَرضِ وَتَطِيرُ!

18 العُصْفُورُ وَالغُراب

القِراءة Reading

بَنى عُصْفُورٌ عُشّاً صَغِيراً فَوْقَ غُصْنِ شَجَرَةٍ كَبِيرَةٍ. ذَهَبَ العُصْفُورُ إلى نَهْرٍ صَغِيرٍ لِيَشْرَبَ الماءَ. جاءَ غُرابٌ أَسْوَدُ وَاحْتَلَّ عُشَّ العُصْفُورِ. عادَ العُصْفُورُ إلى الشَّجَرَةِ فَوَجَدَ الغُرابَ نائِماً في العُشِّ. طارَ العُصْفُورُ الحَزِينُ وَبَدَأَ يَبْحَثُ عَنْ مَكانٍ آخَرَ يَبْنِي فِيهِ عُشَّهُ.

رَأَتْهُ حَمامَةٌ بَيضاءُ وَقالَتْ لَهُ: لِماذا أَنْتَ حَزِينٌ يا عُصْفُورُ؟

قالَ العُصْفُورُ: الغُرابُ احْتَلَّ عُشِّي، وَأَنا أَبْحَثُ عَن مَكانٍ جَدِيدٍ لِأَبْنِي فِيهِ عُشّاً جَدِيداً.

قالَتِ الحَمامَةُ: لَيْسَ الحَلُّ أَنْ تَبْنِيَ عُشّاً جَدِيداً!

فَهِمَ العُصْفُورُ كَلامَ الـحَمامَةِ البَيْضاء وَقالَ: لا أَسْتَطِيعُ أَنْ أَطْرُدَ الغُرابَ، لِأَنَّ الغُرابَ أَقْوى مِنِّـي!

قالَتْ الـحَمامَةُ: لكِنّ عَشْرَةَ عَصافِير أَقْوى مِنَ الغُرابِ!

فِي اليَوْمِ التّالِي ذَهَبَتْ عَشْرَةُ عَصافِير إِلى عُشِّ العُصْفُورِ وَهَجَمَتْ على الغُرابِ. فَزِعَ الغُرابُ وَتَرَكَ العُشَّ وَهَرَب. شَكَرَ العُصْفُورُ الـحَمامَةَ على النَّصِيحَةِ.

التَّعبِير الشَّفَهِي Oral expression

أَجِبْ على الأسئلَةِ شَفَهِّياً: Answer the questions orally:

ماذا تُشاهِدُ فِي الصُّورَة؟

مَعَ مَن يَتَكَلَّمُ العُصْفُورُ؟

مُفْرَداتٌ أُحِبُّ أَنْ أَتَعَلَّمَها Vocabulary

بَنى : it built

عُشّاً صَغِيراً : small nest

شَجَرَةٍ كَبِيرَةٍ : big tree

(صِفَة description / مَوْصُوف the described noun)

غُرابٌ أَسْوَدُ : black crow

إِحْتَلَّ : occupied ، عادَ : it returned

فَوَجَدَ = فَ + وَجَدَ : and it found

الْعُصْفُورُ الْحَزِينُ : the sad bird

(صِفَة description / مَوْصُوف the described noun)

حَمامَةٌ بَيْضاءُ : white pigeon

طارَ : it flew ، بَدَأَ : it started

يَبْحَثُ عَنْ : it looked for ، فِيهِ : فِي + هـ : inside it

مَكانٍ جَدِيدٍ : new place

(صِفَة description / مَوْصُوف the described noun)

لَيْسَ : not

الْحَلُّ : the solution ، لا أَسْتَطِيعُ : I cannot

أَطْرُدَ : I kick out ، أَقْوى : stronger

than me : مِـن + ي : مِـنِّـي ، but : لـكِـن

the next day : اَلـيَـوْمِ اَلـتّـالِـي ، they attacked : هَـجَـمَـتْ

it was scared: فَـزِعَ ، it left : تَـرَكَ

it ran away : هَـرَبَ ، the advice : اَلـنَّـصِـيـحَـة

Opposites الأَضْـداد

Note that each of these opposites is a sifa (description), except the last line in which the opposites are verbs.

صَـغِـيرَة ≠ كَـبِـيرَة

حَـزِيـن ≠ سَـعِـيـد

جَـدِيـد new ≠ قَـدِيـم old

قَـوِي ≠ ضَـعِـيـف

عـادَ ≠ ذَهَـبَ

أَتَعَلَّمُ أَنَّ

I learn that

Sifa/adjective is a noun used to describe humans, animals, plants or objects.

صَغِير، أَسْوَد، حَزِين، بَيْضاء، جَدِيد

صِفَة
adjective

أُنْظُرْ وَاقْرَأْ   **Look and read**

عُشّ    غُصْن   نَهْر   غُراب

الإملاء   **Spelling**

بَنى عُصْفُورٌ عُشّاً صَغِيراً فَوقَ غُصْنٍ شَجَرَةٍ كَبِيرَةٍ.

ذَهَبَ العُصْفُورُ إِلى نَهْرٍ صَغِيرٍ لِيَشْرَبَ الـماءَ.

جاءَ غُرابٌ أَسْوَدُ واحْتَلَّ عُشَّ العُصْفُورِ. رَأَتِ الـحَمامَةُ العُصْفُورَ الـحَزِينَ وَقالَت لَهُ: عَشْرَةُ عَصافِيرَ أَقوى مِنَ الغُرابِ.

إِقْرَأْ وَاكْتُب   Read and write

جاءَ غُرابٌ أَسْوَدُ وَاحْتَلَّ عُشَّ العُصْفُورِ. عادَ العُصْفُورُ إلى الشَّجَرَةِ فَوَجَدَ الغُرابَ نائِماً في العُشِّ.

التمارين   Exercises

تـمارين استِماع   Listening exercises

1) إِرسِم دائِرَةً حَولَ الصُّورَةِ الّتي تسْمَعُ إسْمَها:

Draw a circle around the picture that you hear:

يذكُرُ الـمُعَلِّمُ اِسمَ صُورَةٍ واحدةٍ من كل زَوجٍ، أو يَستَخدِمُ خِيارات القُرص الـمُدمَج.

The teacher chooses the name of one picture from each pair, or use the choices on the CD

2

1

3

4

2) ضَعْ عَلامَةَ X تَـحْتَ الصُّورةِ التـي تُناسِـبُ الْـجُمْلَة التي تَسْـمَعُها:

Put X under the correct picture, according to what you hear:

1

2

3

4

5

6

تـمارين كِتابة — Writing exercises

3) أِقْرَئي الدَّرْسَ وضَعِي ✓ أو ✗ بِـما يُناسِبُ ثُمَّ صَحِّحِي الـخَطَأ:

Read the lesson and put ✓ or ✗ next to the each sentence as appropriate, then correct the false sentence:

☐ العُصْفُور: لا أَسْتَطِيعُ أَنْ أَطْرُدَ الغُرابَ لِأَنَّهُ أَقوى مِنِّي!

الصَّحِيح ....

☐ بَنى عُصْفُورٌ عُشّاً صَغِيراً تَـحْتَ غُصْنِ شَجَرَةٍ.

الصَّحِيح ← ....

☐ جاءَ غُرابٌ أَبْيَضُ وَاحْتَلَّ عُشَّ العُصْفُورِ.

الصَّحِيح ← ....

☐ قالَتِ الـحَمامَةُ: لِـماذا أَنْتَ حَزِينٌ يا عُصْفُور؟

الصَّحِيح ← ....

4) إِخْتَرْ الصِّفَةَ الـمُناسِبَةَ وَاكْتُبْها فِي الفراغِ :

Choose the suitable adjective and write it in the space:

صَغِيرٍ - حَزِينٌ - البَيْضاء - الأَحْمَر - صَغِيراً - كَبِيرَةٍ

1. فَهِمَ العُصْفُورُ كَلامَ الـحَمامَةِ ....

2. ذَهَبَ العُصْفُورُ إلى نَهْرٍ .... لِيَشْرَبَ الـماءَ.

3. قالَتِ الـحَمامَةُ: لِـماذا أَنْتَ .... يا عُصْفُور؟

4. بَنى عُصْفُورٌ عُشّاً .... فَوْقَ غُصْنِ شَجَرَةٍ ....

5. لَبِسَت سَلْمى مِعْطَفَها ....

5) رَتِّبِي الكَلِمات التّالِيَةَ لِتُصْبِحَ جُمَلاً:

Arrange the following words to make sentences:

فَزِعَ	وَهَرَبَ	العُشَّ	وَتَرَكَ	الغُرابُ

الغُرابُ	إحْتَلَّ	العُصْفُورِ	عُشَّ

----

6) أُربُطْ بَينَ الكَلِمَةِ وَضِدِّها، وصِلْها بالصُّورةِ المُناسِبَة:

Draw an arrow to join the opposite words; then join the words to the suitable pictures:

	ضَعِيف	جَدِيد	
	كَبِيرَة	ذَهَبَ	
	قَدِيم	سَعِيد	
	عادَ	قَوِي	
	حَزِين	صَغِيرَة	

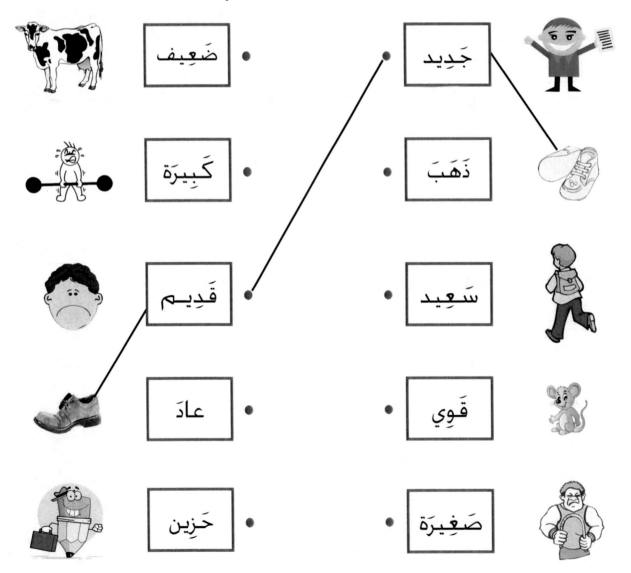

19 الأَعْدادُ وَالأَشْكالُ وَالأَلْوان

القِراءة Reading

مَريَم : مَنْ مِنْكُم

يَعْرِفُ الأَعدادَ يا أَولاد؟

يُوسُف : أنا أَعْرِفُها.

وأَنْتَ يا جَمال؟

جَمال : وَأَنا أَيْضاً

أَعْرِفُها. وَأَنتَ يا باسِم؟

باسِم : وَأَنا أَيضاً أَعْرِفُها.

مَريَم : هَيّا نَعُدُّ سَوِيَّةً.

واحِد، إِثْنان، ثَلاثَة، أَربَعَة، خَمْسَة، سِتَّة، سَبْعَة، ثَمانِيَة، تِسْعَة، عَشْرَة، أَحَدَ عَشَر، إِثْنا عَشَر، ثَلاثَةَ عَشَر، أَربَعَةَ عَشَر، خَمْسَةَ عَشَر.

مَريَم : وَمَنْ مِنْكُم يَعْرِفُ الأَشْكالَ والأَلْوانَ؟

جَمال : أَنا أَعْرِفُها.

يُوسُف : وَأَنا أَيضاً.

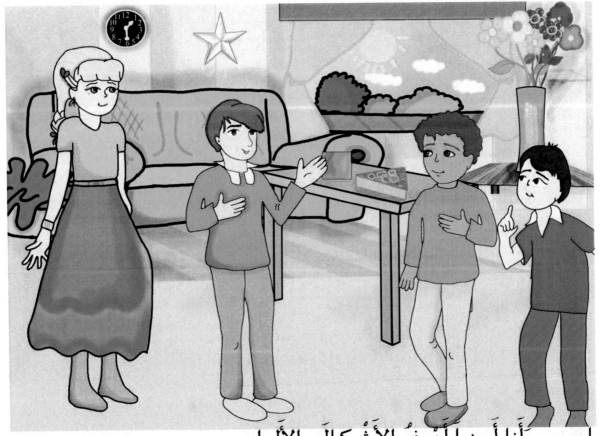

باسِـم : وَأنا أيضا أعْرِفُ الأشْكالَ والألْوان.

مَريَـم : هَلْ فِي الغُرفَةِ شَيءٌ شَكْلُهُ مسْتَطِيلٌ؟

جَمال : نَعَمْ. الطاوِلَةُ شَكْلُها مُسْتَطِيلٌ وَلَوْنُها بُنِّيٌّ.

مَريَـم : وَهَلْ هُناكَ شَيءٌ دائِرِيٌّ؟

باسِـم : نَعَمْ، نَعَمْ - هِيَ السّاعَةُ الـمُعَلَّقَةُ على الحائِطِ، شَكْلُها دائِرِيٌّ وَلَوْنُها أَسْوَدُ.

مَريَـم : وَهَلْ هُناكَ شَيءٌ مُربَّعٌ؟

يُوسُـف : الصُّورَةُ الَّتِي عَلى الطاوِلَةِ، هِيَ مُرَبَّعَةٌ وَلَوْنُها أَزْرَقُ.

مَريَم : وَماذا عَن المُثَلَّثِ؟

يُوسُف : عُلْبَةُ الحَلْوى شَكْلُها مُثَلَّثٌ وَلَوْنُها بُرْتُقالِيٌّ.

مَريَم : وَالنَّجْمَةُ؟ هَلْ هُناكَ شَيءٌ يُشْبِهُ النَّجْمَةَ؟

جَمال : نَعَمْ. المِصباحُ شَكْلُهُ مِثْلُ النَّجْمَةِ، وَلَوْنُهُ أَبْيَضُ!

مَريَم : وَالأِسْطُوانَةُ؟

باسِم : الزُّهْرِيَّةُ الَّتِي عَلى الرَّفِّ شَكْلُها أُسْطُوانِيٌّ، وَلَوْنُها رَمادِيٌّ. فِيها وُرُودٌ زاهِيَةٌ وَجَمِيلَةٌ: خَضْراءُ وحَمْراءُ ووَرْدِيَّةٌ وصَفْراءُ وَبَنَفْسَجِيَّةٌ.

مَريَم : أَحْسَنْتُمْ يا أَوْلاد. أَنْتُمْ تَعْرِفُونَ الأَعْدادَ وَالأَشْكالَ وَالأَلْوانَ.

التَّعبير الشَّفَهِي Oral expression

أَجِبْ على الأسئلَةِ شَفَهِّياً: Answer the questions orally:

مَعَ مَن (with whom) تَتَحَدَّثُ مَرْيَمُ؟

ما هِي (what are) الأَشْياءُ الَّتِي تَراها في الصُّورَةِ الثّانِيَةِ؟

وَما أَلْوانُها؟

مُفرَداتٌ أُحِبُّ أَنْ أَتَعَلَّمَها   Vocabulary

مَنْ مِنْكُمْ : who among you ، يَعْرِف : (he) knows

الأَعْداد = ال + أعداد : the numbers

أَعْرِفُها = أَعْرِفُ + ها : I know them (fem.)

أَيْضاً : too ، هَيّا نَعُدُّ : let us count

سَوِيَّة : together ، هَلْ : do

الغُرْفَة : the room ، شَيءٌ : object

شَكْلُهُ = شَكْل + هُ : its shape (masc.)

شَكْلُها = شَكْل + ها : its shape (fem.)

هُناكَ : there ، المُعَلَّقَة : the hanged

لَوْنُها = لَوْن + ها : its colour (fem.)

وَماذا عَن : what about ، يُشْبِه : is similar

أَحْسَنْتُم : well done (you)(plural)

يا أَوْلاد : you boys ، أَنْتُم : you (plural)

تَعْرِفُون = تَعْرِف + ون : you know (plural)

Look and read   أُنْظُرْ وَاقْرَأْ

١	٢	٣	٤
واحِد	إِثْنان	ثَلاثَة	أَرْبَعَة

٥	٦	٧	٨
خَمْسَة	سِتَّة	سَبْعَة	ثَمانِيَة

٩	١٠	١١	١٢
تِسْعَة	عَشَرَة	أَحَدَ عَشَر	إِثْنا عَشَر

١٣	١٤	١٥	
ثَلاثَةَ عَشَر	أَرْبَعَةَ عَشَر	خَمْسَةَ عَشَر	الأَشْكال

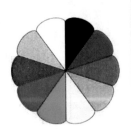

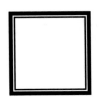

الألْوان

مُرَبَّع

الطاوِلَة

مَسْتَطِيل

بُنِّيّ

دائِرَة

ساعَة

حائِط

أَسْوَد

غُرْفَة

صُورَة

أَزْرَق

مَثَلَّث

عَلْبَة

بُرْتُقالِيّ

نَجْمَة

ضَوْء

أَبْيَض

أُسْطُوانَة

زُهْرِيَّة

رَفّ

رَمادِيّ

وُرُود

أَخْضَر

أَحْمَر

وَرْدِيّ

أَصْفَر

بَنَفْسَجِيّ

الإملاء Spelling

هَيّا نَعُدُّ سَوِيَّةً. واحِد، إِثْنان، ثَلاثَة، أَرْبَعَة، خَمْسَة. الطّاوِلَةُ شَكْلُها مُسْتَطِيلٌ وَلَونُها بَنِّيٌّ. الزُّهرِيَّةُ التي على الرَّفِ شَكْلُها أُسْطُوانِيٌّ وَلَونُها رَمادِيٌّ.

Read and write إِقْرَأْ وَاكْتُبْ

الطّاوِلَةُ شَكْلُها مُسْتَطِيلٌ وَلَوْنُها بُنِّيٌّ .

الصُّورَةُ الَّتِي على الطاوِلَةِ ، هِيَ مُرَبَّعَةٌ وَلَوْنُها أَزْرَق .

Exercises التمارين

Listening exercises تمارين استِماع

1) إِسْتَمِعْ إلى الجُمْلَةِ ثَمَّ ضَعْ دائِرَةً حَولَ الصُّورَةِ الصَّحِيحَة:

Listen to the sentence and draw a circle around the correct picture:

1

2

3

2) ضَع عَلامَةَ X تَحْتَ الصُّورَةِ التي تُناسِبُ الْجُمْلَة التي تَسْمَعها:

Put X under the correct picture, according to what you hear:

1

١١ ☐

١٤ ☐

2

☐

☐

3

☐

☐

4

5

☐

☐

6

☐

☐

Writing exercises تَـمارِين كِتابة

3) إقْرَئي الفَقَرَةَ التَّالِيَةَ ثُمَّ امْلَئي الفَراغات:

Read the following paragraph and fill up the spaces with the suitable words:

عُلْبَةُ الحَلْوى شَكْلُها مُثَلَّثٌ وَلَوْنُها بُرْتُقالِيٌّ. الزُّهْرِيَّةُ الَّتِي عَلى الرَّفِّ شَكْلُها أُسْطُوانِيٌّ، وَلَوْنُها رَمادِيٌّ. وَالطّاوِلَةُ شَكْلُها مُسْتَطِيلٌ وَلَوْنُها بُنِّيٌّ.

1. .... شَكْلُها مُسْتَطِيلٌ وَ .... بُنِّيّ.

2. .... شَكْلُها .... وَلَوْنُها بُرْتُقالِيّ.

3. .... الَّتِي على .... شَكْلُها أُسْطُوانِيّ

وَلَوْنُها ....

4) إخْتَرْ الكَلِمَةَ الصَّحِيحَةَ واكْتُبْها فِي الفَراغِ كَما فِي المِثال:

Choose the correct word and write it in the space (follow the example):

1. الطاوِلَةُ ---دائِريَّةٌ--- والصَّحْنُ ---دائِريٌّ--- (دائِرِيٌّ - دائِرِيَّةٌ)

2. المِرآةُ --------- والحائِطُ --------- (مُثَلَّثٌ - مُثَلَّثَةٌ)

3. البابُ ---------- والعُلْبَةُ ---------- (مُسْتَطِيلٌ - مُسْتَطِيلَةٌ)

4. الشُّبّاكُ ---------- والخِزانة ---------- (مُرَبَّعَةٌ - مُرَبَّعٌ)

5. الوَرْدَةُ ---------- والقَلَمُ ---------- (أَحْمَرُ - حَمْراءُ)

6. الفِيلُ ---------- والسَّمَكَةُ ---------- (رَمادِيٌّ - رَمادِيَّةٌ)

5) صِلِي بَيْنَ الأَعْداد وَما يُناسِبُها مِنَ الكَلِمات:

Match the numbers with the words:

أَرْبَعَةَ عَشَر	١٥
سَبْعَة	١٠
إِثْنا عَشَر	٩
خَمْسَةَ عَشَر	١٤
عَشْرَة	٧
تِسْعَة	١٢

6) صِلْ بَيْنَ الصُّورَةِ والكَلِمَةِ الـمُناسِبَةِ:

Match the pictures with the words:

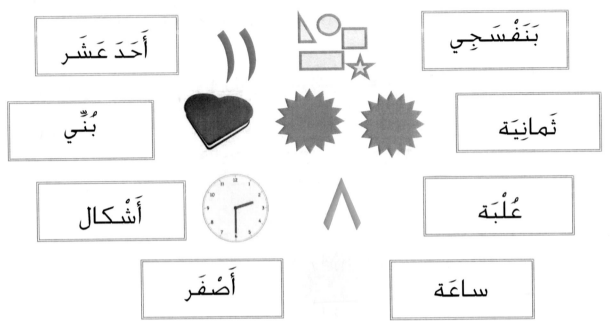

أَحَدَ عَشَر		بَنَفْسَجِي
بُنِّي		ثَمانِيَة
أَشْكال		عُلْبَة
أَصْفَر		ساعَة

7) إمْلَئِي الفَراغات بِالصِّفاتِ الصَّحِيحَةِ كَما فِي الـمِثال:

Fill the spaces with the correct description (follow the example):

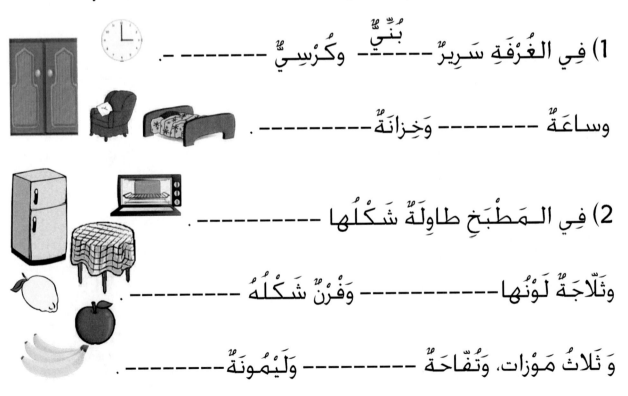

1) فِي الغُرْفَةِ سَرِيرٌ ‒‒بُنِّيٌّ‒‒ وكُرْسِيٌّ ‒‒‒‒‒‒‒ ‒.

وساعَةٌ ‒‒‒‒‒‒‒ وَخِزانَةٌ‒‒‒‒‒‒‒ .

2) فِي الـمَطْبَخِ طاوِلَةٌ شَكْلُها ‒‒‒‒‒‒‒ .

وثَلّاجَةٌ لَوْنُها‒‒‒‒‒‒‒ وَفُرْنٌ شَكْلُهُ ‒‒‒‒‒‒‒ .

وَ ثَلاثُ مَوْزات، وَتُفّاحَةٌ ‒‒‒‒‒‒‒ وَلَيْمُونَةٌ‒‒‒‒‒‒‒ .

Test 3 الإختبار الثالث

أَجِبْ عَنِ الأَسْئِلَة. صَحِّح الأَجْوِبَة وَضَع الدَّرَجَة المُناسِبَة.

Answer the questions. Mark your answers and fill in your score.

- *Sentences for listening questions 2 and 3 are on the CD; alternatively, the teacher chooses the sentences and says them out aloud for each part of the questions.*

1 (أ) إِقْرَئي كُلَّ زَوْجٍ مِنَ الحُرُوفِ التّالِيَةِ بِصَوْتٍ عالٍ (درجة واحِدَة)

(a) Read each set of two letters out loud (1 mark)

1

ت - ط / ز - ذ / ح - هـ

ق - ك / د - ض / ض - ظ

/6

(ب) إِقْرَئي كُلاًّ من النُّصُوصِ التّالِيَةِ بِصَوتٍ عالٍ (درجة واحدة)

(ت) أَجِيبِي عَنِ الأَسْئِلَةِ شَفَهِيّاً (دَرَجَتان):

(b) Read the following text out loud (1 mark)

(c) Answer the questions orally (2 marks):

2

جاءَ فَصْلُ الشِّتاءِ. الْجَوُّ بارِدٌ وَالرِّياحُ قَوِيَّةٌ وَالثُّلوجُ تُغَطّي كُلَّ مَكانٍ. فِي فَصْلِ الْخَريفِ يَنْزِلُ الْمَطَرُ، وَأَوْراقُ الأَشْجارِ تَتَساقَطُ على الأَرضِ.

1. فِي أَيِّ (in which) فَصْلٍ تُغَطّي الثُّلُوجُ كُلَّ مَكانٍ؟
2. فِي أَيِّ فَصْلٍ تَتَساقَطُ أَوْراقُ الأَشْجارِ عَلى الأَرْضِ؟

/ 3

3

دَقَّ جَرَسُ البابِ. فَتَحَت أَسْماءُ البابَ فَوَجَدَت ساعِي الْبَريدِ يَحمِلُ عُلْبَةً كَبيرَةً فِي يَدِهِ. أَخَذَتْ أَسْماءُ العُلْبَةَ مِنَ الرَّجُلِ وشَكَرَتْهُ.

1. مَنْ (who) دَقَّ جَرَسَ البابِ؟
2. ماذا أَخَذَتْ أَسْماءُ مِن ساعِي البَريدِ؟

/ 3

4

على الشَّجَرَةِ عُشٌّ لِلْعَصافِيرِ، وَحَمامَةٌ بَيْضاءُ تَقِفُ على الغُصْنِ. فِي رُكْنِ الحَديقَةِ شَجَرةُ تُفّاحٍ كبيرةٌ، تَقْطِفُ أُخْتِي هُدى التُّفّاحَ وتَضَعُهُ فِي السَّلَّةِ.

1. أَيْنَ (where) تَقِفُ الـحَمامَةُ البَيْضاءُ؟

2. مَاذا تَقْطِفُ هُدى؟ وَأَيْنَ (where) تَضَعُهُ؟

/ 3

5

العُصْفُور: الغُرابُ احْتَلَّ عُشِّي، وَأَنا أَبْحَثُ عَن مَكانٍ جَدِيدٍ لِأَبْنِي فِيهِ عُشّاً جَدِيداً.

ذَهَبَتْ عَشَرَةُ عَصافِير إِلى عُشِّ العُصْفُورِ وَهَجَمُوا على الغُراب، فَزِعَ الغُرابُ وَتَرَكَ العُشَّ وَهَرَب.

1. مَنْ (who) احْتَلَّ عُشَّ العُصْفُورِ؟

2. لِـماذا (why) هَرَبَ الغُرابُ مِنَ العُشِّ؟

/ 3

6

يُوسُف: الصُّورَةُ الَّتِي على الطّاوِلَةِ هِيَ مُرَبَّعَةٌ وَلَوْنُها أَزْرَق.

وَعُلْبَةُ الـحَلْوى شَكْلُها مُثَلَّثٌ وَلَوْنُها بُرْتُقالِيٌّ.

مَرْيَم: وَالنَّجْمَةُ؟ هَلْ هُناكَ شَيءٌ يُشْبِهُ النَّجْمَةَ؟

1. ما (what) هُوَ شَكْلُ الصورَةِ؟ وَما لَوْنُها؟

2. عَن ماذا (about what) سَأَلَتْ مَرْيَمُ؟

/ 3

2 إسْتَمِعْ إلى القُرْصِ الـمُدْمَجِ واخْتَرْ الْـجوابَ الصَّحيحَ، وَاكْتُب رَقْمَهُ فِي الـمُربَّع:

Listen to the CD and choose the right answer, and then write its number in the box:

1. فِي فَصْلِ الرَّبيعِ تَلْبَسُ سَلْوى مَلابِسَ [ ] .

2. أَسْماء: يَحْمِلُ [ ] عُلْبَةً كَبيرَةً .

3. سَمَر: أَجْرِي وَأَلْعَب، وَأَقْفِزُ لِأُمْسِكَ .

4. ذَهَبَ العُصْفورُ إلى [ ] لِيَشْرَبَ الماءَ.

5. إشْتَرى والِدي ١٥ [ ] قَلَماً.

6. فِي [ ] نَقولُ كُلَّ عامٍ وَأَنْتِ بِخَيْرٍ يا أُمّي.

7. القَمَرُ شَكْلُهُ [ ] .

8. يَصْعَدُ [ ] على النَّخْلَةِ وَيَقْطِفُ التَّمْرَ اللَّذيذَ.

/8

3 ضَعِي عَلامَةَ X تَـحْتَ الصُّورَةِ التي تَسْمَعِينَ اسْمَهَا:

Put X under the picture that you hear:

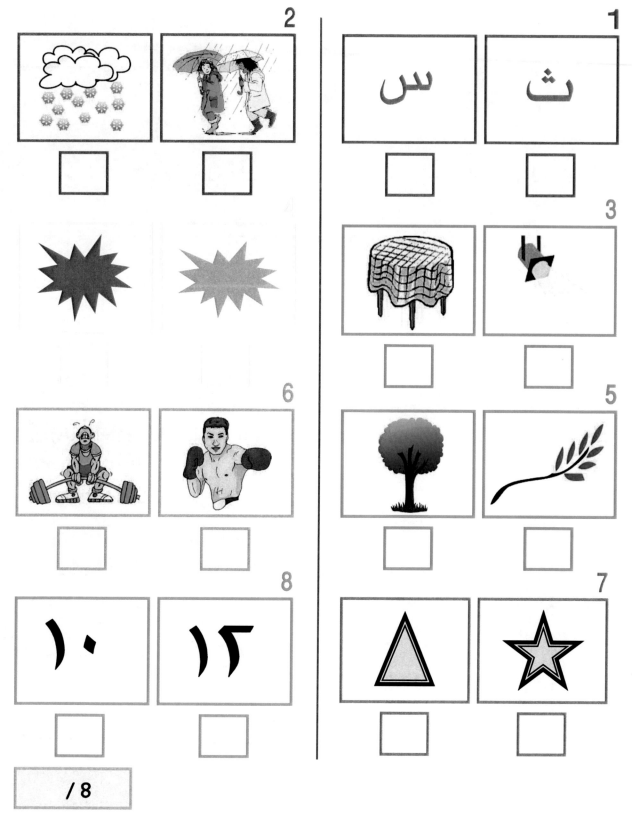

1

ث ☐ | س ☐

2

☐

☐

3

☐

☐

5

☐

☐

6

☐

☐

7

☐

☐

8

١٢ ☐ | ١٠ ☐

/8

4 أُكْتُب الأَفعالَ الـمُناسِبَةَ فِي الفراغِ وكَوِّن جُمَلاً فِعْلِيَّةً:

Make verbal sentences by writing the suitable verbs in the spaces:

------- هُدى التُّفّاح فِي السَّلَّةِ.	يَصْعَدُ طارَ	------- سَلْوى جَدَّتها.
------- الفَلّاحُ على النَّخْلَةِ.	أعِيشُ تَزُورُ	-------أسماءُ العُلْبَةَ.
------ العُصْفُورُ فَوقَ الشَّجَرَة.	تَضَعُ فَتَحَت	--------فِي بَيْتٍ كَبيرٍ.

/6

5 صِلِي بَيْنَ اسْمِ الإسْتِفْهام ومَا يُناسِبُهُ مِن الـجُمَلِ:

Connect each of the istifham pronouns with a suitable sentence(s):

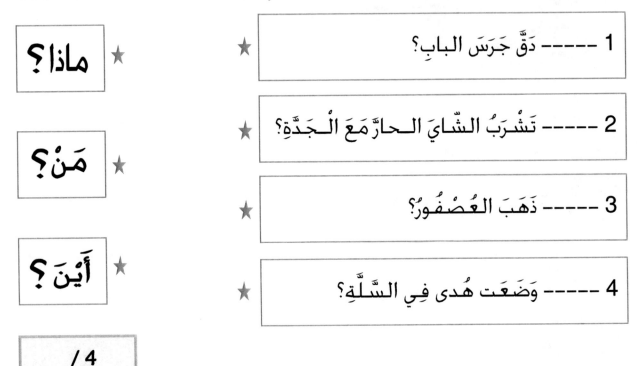

1 ----- دَقَّ جَرَسَ البابِ؟ ★	★ ماذا؟
2 ----- تَشْرَبُ الشّايَ الحارَّ مَعَ الْجَدَّةِ؟ ★	★ مَنْ؟
3 ----- ذَهَبَ العُصْفُورُ؟ ★	★ أيْنَ؟
4 ----- وَضَعَت هُدى فِي السَّلَّةِ؟ ★	

/4

6 صِفْ كُلَّ صُورَةٍ فِي جُمَلةٍ فِعْلِيَّةٍ مُسْتَعِيناً بِالكَلِماتِ:

Describe the picture by forming a verbal sentence using the provided words:

1. الـجَمِيلَةَ - وَأَلْوانَها - الزّاهِيَةَ -الوُرُودَ - أُحِبُّ

....

2. الغُرْفَةَ - الوَلَدُ - يُنَظِّفُ

....

3. الْـجَرِيدَةَ - يَقْرَأُ - عَمِّـي

....

4. الفَلّاحُ - يَقْطُفُ - الـمَوْزَ

....

5. لِينَةُ - الشّايَ- مَعَ - تَشْرَبُ - صَدِيقَتِها

....

/ 5

7 أُكْتُبِي حَرْفَ الْـجَرِّ الـمُناسِبَ فِي الفَراغ:

Write the suitable preposition in the space (you may use some of them twice):

على . بـ . فِي . إلى

1. .... رُكْنِ الـحَدِيقَةِ شَجَرَةُ تُفّاحٍ كبيرةٌ.

2. يَصْعَدُ الفَلّاحُ .... النَّخْلَةِ.

3. تَلْعَبُ لَيْلى .... الكُرَةِ.

4. ذَهَبَت الأُمُّ .... الـمُسْتَشْفى.

5. وَضَعَت لَيْلى الطَّعامَ .... الفُرْنِ.

/5

8 إخْتَرْ الـحَرفَ الصَّحِيحَ وَاكْتُبْهُ فِي الفَراغ:

Choose the suitable letter and write it in the space:

1. ....ـطْبُخُ الأُمُّ الـ........ـعامَ. (ت – ط).

2. يَـ........ـلِسُ الوَلَدُ تَـحْتَ الـ........ـجَرَةِ. (ج – ش).

3. يَـ......عُ الرَّجُلُ الـ......ـرفَ فِي الصُّنْدُوقِ. (ض – ظ).

4. تَـ......ـرَأُ الـمُعَلِّمَةُ الـ......ـتابَ. (ك – ق).

/ 8

9 أُربُطِي بَيْنَ الكَلِمَةِ وَضِدِّها:

Draw an arrow to join the opposite words:

الرِّياحُ خَفِيفَةٌ ○	○ جَدِيد
فَوْقَ ○	○ عادَ
تَقْتَرِب ○	○ تَحْتَ
خَفِيفَة ○	○ الرِّياحُ قَوِيَّةٌ
ذَهَبَ ○	○ تَبْتَعِد
قَدِيم ○	○ سَمِيكَة
واطِئَة ○	○ عالِيَة

/ 7

10 إِخْتَرْ الصِّفَةَ الـمُناسِبَةَ وَاكْتُبْها فِي الفراغِ مُسْتَعِيناً بِالصُّوَرِ:

Using the picture, choose the suitable adjective and write it in the space:

1. هٰذِهِ البِنْتُ ----------. (حَزِينَةٌ - عالِيَةٌ)

2. فِي الـحَدِيقَةِ أَشْجارٌ ---------. (حَمْراء - خَضْراء)

3. شَرِبَ الوَلَدُ الـحَلِيبَ--------. (الـحارَّ- الكَبِيرَ)

4. تَأْكُلُ البِنْتُ التُّفّاحَةَ --------. (القَدِيـمَةَ- اللَّذِيذَةَ)

/ 4

11 كَوِّنِي جُمَلاً مُفِيدَةً مُسْتَعِينَةً بِالصُّوَرِ:

Make sentences by using the pictures:

------- الوَلَدُ فِي ---------- .

--------- الأُمُّ ----------- .

/ 4

Total: / 80